中小企業金融としてのABL
課題と対策

相馬一天
Soma Itten

日本経済評論社

謝　辞

　本書は、金融市場論の立場から我が国のABL（Asset Based Lending）の在り方を示唆したものであり、埼玉学園大学大学院の博士論文をベースとしたものである。当然のことながら、本書における不十分な分析や解釈等は、筆者の責に拠るものである。皆様のご批判とご指導を賜りたい。

　本書の主要なテーマであるABLは、2008年に法学部でABLにおける将来債権譲渡の研究を始めたことがきっかけとなっている。当時は、ABLが普及するための前提となる債権譲渡や占有改定が大きな課題となっていた。その後、ABLは法整備が進み、担保に関わる判例の蓄積もなされている。我が国のABLは徐々に発展しつつあるが、未だに多くの課題を残している。本書がABL発展の一助となることを心から願うばかりである。

　さて、本書を出版することができたのは、多くの先生方のご支援によるものである。埼玉学園大学において研究の機会を与えていただいた峯岸進学長には深く感謝申し上げる次第である。恩師の相沢幸悦先生（埼玉学園大学）には、埼玉大学の博士前期課程より博士論文の完成まで親身かつ温かなご指導を賜った。箕輪徳二先生（埼玉学園大学）には、埼玉大学の博士前期課程より有用な知見および終始懇切丁寧なご指導をいただいた。菅澤喜男先生（元日本大学）には、日本コンペティティブ・インテリジェンス学会を通じて長期間に亘ってご指導をいただいた。池田真朗先生（現武蔵野大学、元慶応義塾大学）からは、ABLの本質について貴重なご指導をいただいた。三井秀俊先生（日本大学）は、DUKE大学での調査及び資料収集において多大なご協力をいただいた。最後に日本経済評論社の鴇田祐一氏のご尽力なくして本書は出版に至らなかった。お世話になった全ての方のお名前を記すことはしないが、この場を借りて皆様には、心より感謝の意を表したい。

2016年6月

相馬一天

目　次

謝辞　i

序章　問題の所在と範囲の限定 …………………………………………1

第1章　我が国の中小企業の資金調達 …………………………………5
　第1節　我が国の企業の資金調達の概要　5
　　1　企業の資金調達　5
　　2　中小企業の定義　6
　　3　貸出技術　8
　　4　我が国のABL発展の経緯　9
　第2節　ABLとは何か　12
　　1　ABLの仕組み　12
　　2　日本の銀行におけるABLの導入例　20
　第3節　日米ABLの比較　23
　　1　米国のABLの仕組みと歴史　23
　　2　ABLの専門業者　27
　　3　日本のABLの専門業者　28
　　4　米国売掛金の回収システム　30
　　5　日米金利水準の相違　30
　　6　米国ABLの実態　32
　　7　日本のABLの貸出実態　35
　　8　日米の銀行環境　38
　　9　日米のコベナンツの特徴　42
　　10　日本の譲渡禁止特約に関わる課題　44
　　11　日本のABL市場の考察　46

第2章　米国の担保制度の特徴 …………………………………………49
　第1節　米国の担保制度の概要　49
　　1　UCCについて　49
　　2　第三者対抗要件　50

3　プロシーズ　52
　　　4　連邦倒産法チャプター11における担保　52

第3章　日本のABLに関わる担保制度の特徴……………………………55
　第1節　担保制度の概要　55
　　　1　典型担保と非典型担保　55
　　　2　非典型担保　57
　　　3　譲渡担保　58
　　　4　動産譲渡担保　59
　　　5　集合動産譲渡担保　61
　　　6　ABLにおける動産担保　64
　　　7　債権譲渡　66
　　　8　特例法による債権譲渡登記　69
　　　9　集合債権譲渡担保　70
　　　10　ABLにおける債権担保　71
　　　11　預金担保　72
　　　12　破産法における担保権　72
　第2節　動産債権譲渡登記　74
　　　1　動産債権譲渡特例法成立の経緯と概要　74
　　　2　動産債権譲渡特例法の登記事項（動産）　75
　　　3　特例法における動産担保の課題　76
　　　4　担保の目的物の変転と変転物に対する担保権の範囲　76
　　　5　動産債権譲渡特例法の登記事項（債権）　77
　　　6　特例法における債権譲渡担保の課題　78
　第3節　担保制度の課題と展望　79
　第4節　日米ABLの担保制度の違いによる示唆　81

第4章　金融機関の審査・モニタリングのフレームワークの考察……85
　第1節　銀行審査の新たな視座　85
　　　1　銀行審査におけるインテリジェンス活動の必要性　85
　　　2　ファイナンシャル・インテリジェンスの意義と目的　86
　　　3　ファイナンシャル・インテリジェンスの定義　88
　　　4　貸出先の財務に関わるリスク評価　90
　　　5　財務諸表および財務分析のリスク評価　90
　　　6　担保のモニタリングによるリスク評価　91
　　　7　債権担保における第三者対抗要件　93
　第2節　モニタリングのフレームワーク　94
　　　1　フレームワークの4つの視点　94

2　運転資金のリスク評価　95
　　3　設備資金のリスク評価　97
　　4　製品・サービスのリスク評価　98
　　5　経営者のプロファイリング　101
　第3節　新たな銀行審査に残された課題　102

第5章　中小企業の資金調達における自律化への提言……………………105
　第1節　中小企業のあるべき会計制度　105
　第2節　中小企業貸出の審査　107
　第3節　米国の信用保証制度　109
　　1　SBAの概要　109
　　2　SBAの信用補完制度　109
　第4節　我が国の信用保証制度　114
　　1　信用補完制度　114
　　2　信用保証協会の概要　115
　　3　信用保証制度に関する先行研究　118
　　4　信用補完制度のあり方　119
　第5節　ABL信用保証の考察　120
　　1　流動資産担保融資保証制度　120
　　2　信用保証を付したABLのあり方　122
　　3　信用保証付ABLと一般融資のABLの事例　124

終章　結論と今後の課題……………………………………………………129
　第1節　中小企業の資金調達における自律化に向けて　129
　　1　中小企業の自律化を支える論点　129
　　2　本研究の成果　131
　第2節　今後の課題　132

参考文献　135
索引　143

中小企業金融としての ABL

課題と対策

序章
問題の所在と範囲の限定

　我が国の大企業数は1万社、従業員数1,397万人、売上高約765兆円であるのに対して、中小企業は385万社、従業員数3,217万人、売上高約610兆円と大きなボリュームを占めている（2014年版中小企業白書）。しかしながら、中小企業は大企業に比して資金調達手段が限定的であると言われている。中小企業の資金調達の多様化を進める点においてABL（Asset Based Lending、以下ABLとする）の活用を促すことは、中小企業の資金調達における自律化を促進し、ひいては日本経済の底上げになるであろう。

　中小企業は、大企業に比べて資金調達が困難であるという。貸手である金融機関は、信用リスクに加えて、情報の不透明性、すなわち、企業の財務情報や事業に関わる情報が不透明であることが問題だとしている。こうした中小企業の資金需要に対応する手段としてABLが注目されている。本書では、中小企業の自律化を支える資金調達技術の1つの方法としてABLを取り上げ、その限界や可能性を示唆しつつ、今後の日本経済への発展のための提言をこころみるものである。ABLについては、日米の発展経緯を整理しつつ、我が国のABLの特徴と課題、中小企業の審査とモニタリング、信用保証制度とABLの関わりをまとめ、今後を展望する。

　ABLの実施により企業の自律化が進む理由は次の3点である。まず、1つ目に、必ずしも決算書に縛られず、金融機関の財務分析の評価基軸や金融機関の一方的な将来性の評価に縛られないということである。ABLは担保評価により融資額が決定されるため、財務諸表は副次的なものとなる。2つ目に、ABLの導入により、担保や保証人からの部分的に解放されることにある。例えば、担保については、在庫や売掛金等の多様性が生じており、専

門業者によって評価されることが可能となった。すなわち、市場で担保価値が評価されることになり、不動産のように必ずしも金融機関による評価に頼らなくても良くなったことがあげられる。また、保証については、事業承継において従来であれば事業承継の後継者が借入金の連帯保証人となることが慣習であったが、過度な経営者保証を排除する「経営者保証ガイドライン」が普及してきたことに加え、ABLにより事業全体を担保とすることで事業承継の後継者を連帯保証としないケースがある。3つ目に、中小企業が自ら事業について定量的に貸手に説明することによって、従来よりも事業を客観的に理解し、改善するきっかけとなることである。例えば、第三者による在庫評価を行うことで、自社では知らなかった在庫の市場価値を理解することがある。これにより不良資産や不要な在庫を圧縮するための判断が可能となることがあげられる。そして、第三者評価により商品別の利益率を再認識することによって、仕入れるべき商品や販売すべき商品の意思決定にも役立つことになる。

　米国のABLは、事業収益資産である売掛債権や在庫等を担保とし、極度額を設定し、融資枠内でのリボルビング型の短期運転資金を提供する融資技術として発達してきた。本書の範囲は、中小企業の資金調達として着目されているABLについて日米の比較に焦点を当て、我が国のあるべきABLを提言するものである。具体的には、1つ目に、日米比較における経済環境や商習慣の相違および担保における法制の違いを概観し、その違いや特徴からABLのあり方を検討する。2つ目に、金融機関の中小企業の審査に関わる新たな視座としてインテリジェンス活動の導入を提起する。3つ目は、信用保証制度におけるABLのノウハウを整理し、中小企業の資金調達への示唆を得るものである。

　本書の構成は次の通りである。第1章は我が国の中小企業の資金調達を概観した。企業の資金調達の現状、先行研究による貸出技術の捉え方や我が国にABLが導入された経緯を中心に概説している。そして、ABLの特徴を整理し、その仕組みや日本の金融機関での具体的なABLの導入例を記した上

で、日米 ABL を比較した。米国の ABL の仕組み、ABL の担保評価や処分に重要な役割を果たす日米の専門業者の特徴、米国売掛金の回収システムの特徴、日米金利水準の相違、米国の ABL 実施金融機関のデータ分析、日本の ABL 実施金融機関のデータ分析、日米コベナンツの機能、および日本の親事業者と下請事業者の商習慣である譲渡禁止特約における課題を整理した。第 2 章は、米国担保制度の特徴である。米国の UCC（Uniform Commercial Code；米国統一商法典）担保制度の特徴として、ファイリングやプローズ等担保に関わる特徴、倒産法制度における担保の取り扱いについてまとめた。第 3 章は日本の ABL に関わる担保制度の特徴を整理した。日本では、担保物の種類によって適用する法が異なるため注意が必要となる。動産譲渡担保、集合動産譲渡担保、債権譲渡担保等は第三者対抗要件を具備するための登記の範囲が論点となることが多い。日米 ABL の担保制度の相違を示唆した。第 4 章は、金融起案の審査フレームワークの考察である。中小企業の審査やモニタリングには、情報の非対称性を解消するための新たな取り組みが必要である。ファイナンシャル・インテリジェンスの利活用により、4 つの視点によるモニタリングのフレームワークを提案した。第 5 章は、中小企業の資金調達における自律化への提言である。中小企業のあるべき会計制度、中小企業貸出の審査、米国の信用保証制度である SBA とローンプログラム、我が国の信用保証制度である信用保証協会の概要についてまとめ、信用保証制度に関する先行研究を整理した。そして、中小企業の自律化を支える ABL の保証制度について考察をまとめた。終章は、中小企業の自律化を支える資金調達に向けて本書のまとめである。ABL を通じて担保制度、中小企業の情報の非対称性を解消する方法の 1 つの方法としてのインテリジェンス活動の導入、および信用保証協会の利活用による ABL の発展についてまとめた。

第1章
我が国の中小企業の資金調達

第1節　我が国の企業の資金調達の概要

1　企業の資金調達

　我が国の企業の資金調達の大半は短期の借入である。**図表1-1**は、平成26年11月経済産業省企業金融調査の非上場企業の資金調達額の合計を100%とした時の構成比である。これによると資金調達の約7割は金融機関からの短期借入金である。さらに金融機関からの長期借入金の約1割を加えると8割が金融機関からの借入となる。

図表1-1 非上場企業の業種別・企業の資金調達の内訳構成比（単位：%）

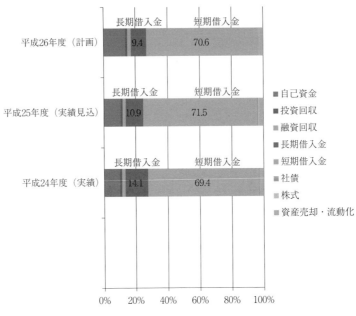

（出所）経済産業省企業金融調査（2014年3月31日）より作成

　中小企業においては、運転資金や設備投資資金において直接金融による資金調達が難しいため、金融機関からの借入によって賄われることが通常である。中小企業の資金調達において課題となっているものとして返済原資の問題、信用力を捕捉するための担保や保証の問題がある。近年、このような課題に対して行政や金融機関によって、過度な保証・担保の見直し、リレーションシップ貸出の推進等の取り組みがなされている。ABLは、中小企業の資金調達の多様化を促す1つの取り組みとして着目されている。

2　中小企業の定義

　図表1-2は、中小企業基本法における中小企業および小規模企業の定義である。中小企業においては、資本金（出資金）の額または人数であり、小規

模事業者については人数によるものである。

図表1-2　中小企業基本法における中小企業および小規模企業の定義

業種	中小企業者 （下記いずれかを満たすこと）		小規模企業者
	資本金の額または出資金の総額	常時使用する従業員の数	常時使用する従業員の数
1．製造業、建設業、運輸業、その他の業種（2、3、4を除く）	3億円以下	300人以下	20人以下
2．卸売業	1億円以下	100人以下	5人以下
3．サービス業	5千万円以下	100人以下	5人以下
4．小売業	5千万円以下	50人以下	5人以下

（出所）中小企業基本法第2条第1項より作成

　財務省においては、中小企業者等の法人税率の特例において、中小企業を次のように定義している。「普通法人（資本金の額等が5億円以上である法人等との間にその法人等による完全支配関係があるもの等を除く）のうち各事業年度終了の時において資本金の額等が1億円以下であるもの又は資本等を有しないもの。公益法人等。協同組合等。人格のない社団等。」である。

　米国の中小企業庁であるSBA（Small Business Administration；以下SBA）では、小規模企業の規模の基準は2つあり、従業員の人数基準または年間平均売上高基準のいずれかである。中小企業の基準は基準表に細分化されており、業種によって厳密に規定されている。多くの製造業、鉱業は500人以下であり、多くの非製造業産業の年間平均売上高を750万ドルとしている。例えば、「ソフトドリンクの製造業」は500人以下であり、「ビール・ワイン等の酒屋」は750万ドルと規定されている（SBA、2014年7月14日時点）[1]。

---

1) SBA,"Summary of Size Standards by Industry Sector"（https://translate.google.co.jp/translate?hl=ja&sl=en&u=https://www.sba.gov/content/summary-size-standards-industry-sector&prev=search, Visited at 20160105）

本論文では、統計上資料等の整合性を保つため、原則として日本の中小企業においては、中小企業庁の定義を用い、米国においてはSBAの基準を用いることとする。

3 貸出技術

2005年にBerger and Udellは、中小企業の信用力を分析する上で概念的枠組みを提案した[2]。貸出技術（Lending Technologies）である。多くの先行研究のなかでBerger and Udell貸出技術について引用がなされており、本書でも度々とりあげるため米国のトランザクション貸出（財務諸表貸出、中小企業向けクレジットスコアリング）およびリレーションシップ貸出に関わる両氏の見解を以下に示す。

貸出技術は、いくつかのトランザクション貸出（Transaction Lending）およびリレーションシップ貸出（Relationship Lending）からなるという。トランザクション貸出は、定量的なデータに基づいており、リレーションシップ貸出は定性的情報に基づいている。トランザクション貸出は、透明な情報の借手に利用し、リレーションシップ貸出は不透明な情報の借手に対して利用される。さらにBerger and Udellは、大手金融機関がトランザクション貸出の取り扱いに優位性を持っており、中小金融機関はリレーションシップ貸出に優位性を持っているとしている。

トランザクション貸出の代表的な貸出技術は、財務諸表貸出、中小企業向けクレジットスコアリング（Small Business Credit scoring）、ABL、ファクタリング、固定資産融資およびリースである。まず、財務諸表貸出は、他の貸出技術よりも透明性の高い情報開示の中小企業に適用されており、将来キャッシュフローによる返済能力を審査する。また、財務情報貸出は、ハード情報による2つの要件が必要であるとされる[3]。それは、①GAAP(Generally

---

2) Allen N. Berger, Gregory F. Udell,"A More Complete Conceptual Framework for Financing of Small and Medium Enterprises" *World Bank Policy Research Working Paper* , 3795, December 2005, p.1.

Accepted Accounting Principles；一般に公正妥当と認められた会計原則）を満たし、会計事務所により監査された財務諸表であること。そして、②財務諸表の分析の結果によりローン契約において担保や個人保証等が必要となることがあるという点である。

中小企業向けクレジット・スコアリングは、企業オーナーの個人消費における信用情報と中小企業の商業取引上における信用情報を組み合わせたものである。これらのデータをパフォーマンス予測モデルに入力することでスコアが算出される。このモデルは、通常25万ドルの信用供与のために設計されているが、多くの金融機関は10万ドルを上限としており、1990年代半ばまでは利用されていなかった。

リレーションシップ貸出は、中小企業の情報開示が不透明である問題に対処するため金融機関が地域社会とそのオーナーから時間をかけて収集したソフト情報に依存している[4]。その情報のほとんどは、ローン担当者が直接借手を通じて、また、銀行の中小企業のパフォーマンスの観察を通じて取得される。ソフト情報には、将来性評価も含まれており、供給業者、顧客、近隣の企業から収集される。

4　我が国のABL発展の経緯

企業が資金調達する手段として銀行からの借入による資金調達がある。銀行の貸出は、財務諸表等を分析し、返済能力を審査することにより貸出の可否を判断する伝統的な貸出がある。それに加えて売掛金や在庫品等の動産や債権を担保とし、その清算価値の範囲内で貸出することで返済原資を資産に求めるABLの取り扱いが広がりつつある。

伝統的な貸出での資金調達が困難な企業は、不動産担保を要求されること

---

3)　ハード情報（hard information）は、文書化して第三者に伝えることが容易な数量的、客観的情報と捉える。内田浩史『金融機能と銀行業の経済分析』日本経済新聞社、2010年、52頁。
4)　ソフト情報（soft information）は、文書化が困難で第三者に伝えることが容易でない質的な情報であり、情報入手者の主観的な情報である。内田浩史（2010）『金融機能と銀行業の経済分析』日本経済新聞社、52頁。

がある。しかしながら、企業は必ずしも不動産を有していないため資金調達が困難なことがある。スタートアップ間もないベンチャー企業は、担保がないことで資金調達が難しいことから、こうした企業への弾力的な貸出の手法が望まれている。

　企業が資金調達する手段として銀行からの借入がある。銀行の貸出は、財務諸表等を分析し、返済能力を審査することにより貸出の可否を判断する伝統的な方法がある。近時、伝統的な方法に加えて売掛金や在庫品等の動産や債権を担保とし、その清算価値の範囲内で貸出するABLの取り扱いが徐々に広がっている。

　伝統的な貸出での資金調達が困難な企業は、不動産担保を要求されることがある。しかしながら、企業は必ずしも不動産を有していないため資金調達が困難なことがある。スタートアップ間もないベンチャー企業は、担保がないことで資金調達が難しいことから、こうした企業への弾力的な貸出の手法が望まれている。

　ABLは売掛債権や在庫を担保とし、不動産担保を担保とした従来の貸出に代わる貸出手法として着目されている。しかし、日本のABLは貸出残高がようやく1.4兆円を越えたところであり[5]、国内の法人向け銀行貸出約250兆円[6]に対する割合のわずか0.6％に過ぎない。

　図表1-3は、我が国法人の資産を表したものである。平成24年度（2013年3月）の法人の資産は、不動産174兆円に対して、売掛金189兆円、棚卸資産100兆円の計289兆円である。289兆円の潜在的な担保が存在しており、今後のABLの担保としての活用が期待されている。

　図表1-4は、ABLに関わる行政による取り組みを年表にしたものである。研究者や経済界の要請もあり、法制度の見直しや金融検査マニュアルの変更

---

5) 経済産業省『GCM及びABLの現状と普及促進に向けた課題の調査等』、2015年3月。
(http://www.meti.go.jp/meti_lib/report/2015fy/001075.pdf, Visited at 20151025.)
6) 日本銀行統計「預金・貸出（貸出先別貸出金）」2014年12月月末貸出残高。但し、金融業、保険業、地方公共団体、個人を除く。(http://www.boj.or.jp/statistics/pub/boj_st/index.htm/, Visited at 20151025.)

等の取り組みがなされている。2005年、「債権譲渡の対抗要件に関する民法の特例等に関する法律」の一部改訂および「動産譲渡登記」制度の創設がなされ、2007年には金融庁が「金融検査マニュアル」を改訂し、動産・債権の一般担保としての条件を明記した。2008年には、ABLの担保として着目されている電子記録債権が施行されている。2013年、金融庁は金融機関が動産・売掛金担保融資を積極的に取り扱うよう公表し、金融検査マニュアルを改定している。

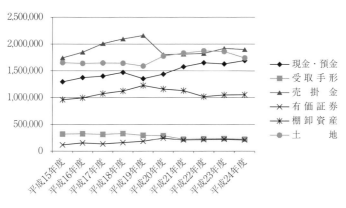

図表1-3　我が国法人の資産（単位：百万円）

（出所）財務省「法人企業統計年報」平成24年度より作成

図表1-4　行政による ABL の取り組み

2005年3月	金融庁が「地域密着型金融の機能強化の推進に関するアクションプログラム」において、ABL を不動産担保・保証に過度に依存しない融資を促進するための手法と位置付け
2005年10月	動産譲渡登記制度創設・債権譲渡登記制度改正（「債権譲渡の対抗要件に関する民法の特例等に関する法律の一部を改正する法律」施行）
2007年2月	金融庁が「金融検査マニュアル」を改定（動産・債権の一般担保の条件を明記）
2007年6月	ABL 協会設立
2007年8月	信用保証協会が「流動資産担保融資保証制度」を導入
2008年5月	経済産業省が「ABL ガイドライン」を公表
2008年12月	電子記録債権法施行
2011年6月	日本銀行が「成長基盤強化を支援するための資金供給」において ABL 等を対象とした貸付枠を導入
2013年2月	金融庁が「ABL（動産・売掛金担保融資）の積極的活用について」を公表（金融検査マニュアルを改定）
2013年3月	経済産業省が動産・債権担保に関するモデル契約書を公表
2013年12月	「経営者保証に関するガイドライン」に、経営者保証の機能を代替する融資手法として、ABL、停止条件付保証契約等が記載される

（出所）日本銀行金融機構局金融高度化センター『商流ファイナンスに関するワークショップ報告書』2014年2月より作成

第2節　ABL とは何か

1　ABL の仕組み

　ABL は融資技術の一形態であり、米国において事業収益資産である売掛債権や在庫等を返済原資とみなし、また、それを担保として極度額を設定し、融資枠内で借入と返済を繰り返すリボルビング型の短期運転資金を提供する融資技術として発達してきた。事業活動の中で現金は仕入によって在庫になり、やがて売上によって売掛金へとなり、最後に資金化により現金へと変動する過程を繰り返す。この資産の状態の在庫や売掛金を担保として、その資産である期間に対して運転資金を貸し出すのが米国でいう ABL である。

企業の財務やビジネスモデル等から将来のキャッシュフローから返済能力の有無を審査することで貸出の可否を判断する従来の貸出手法とは大きく異なる。従来の貸出は貸出金回収リスクの不足を不動産担保や保証等によって補うが、ABLでは事業で用いる資産の処分価値に依拠して貸出を行う点が大きな相違点である。

　図表1-5は、ABLの借入から返済までの経緯を概念的に表したものである。ABLは、棚卸資産や売掛金等の流動資産を担保とし、この流動資産の価値を以って借入する。流動資産の在庫や売掛金はやがて現金化し、返済が可能となる。

図表1-5　ABLの借入から返済まで

```
                担　保      担　保
                  ↓          ↓
  現金預金 ⇒ 在　庫 ⇒ 売掛金 ⇒ 現金預金
     ↑                            ↓
   借　入                        返　済
```

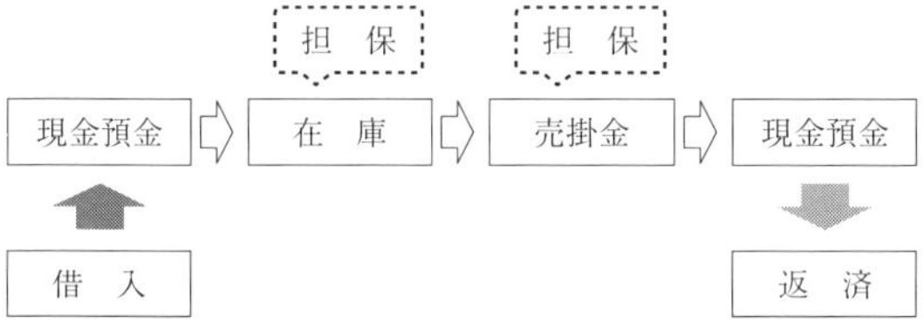

（出所）筆者作成

　図表1-6は、貸出実行の前後の貸手の行動を簡便に表したものである。ABLは流動資産の回転状態や流動資産に対する換価価値が貸手の行動の中心となる。従来の貸出は、借手の事業が収益を創出できるビジネスモデルになっているか、確実に資金を回収できる仕組みか、という事業のキャッシュフローによる判断が中心となる。

図表1-6　ABLと従来の貸出における貸手の行動

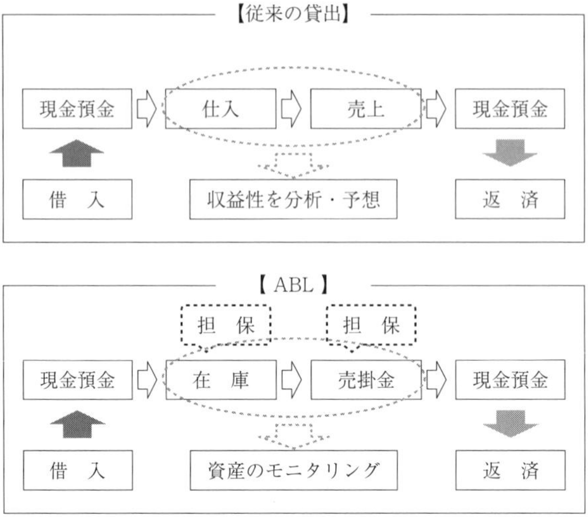

【従来の貸出】

現金預金 → 仕入 → 売上 → 現金預金
↑　　　　収益性を分析・予想　　　↓
借入　　　　　　　　　　　　　　返済

【ABL】

担保　　担保
現金預金 → 在庫 → 売掛金 → 現金預金
↑　　　　資産のモニタリング　　　↓
借入　　　　　　　　　　　　　　返済

（出所）筆者作成

　伝統的な貸出が貸出先の信用状態やキャッシュフローを生み出す能力や貸借対照表の健全性等の評価に基づく信用力分析に注力した貸出手法であるのに対して、ABLは、売掛債権等の担保物の価値に依存して貸出額が決定されるものである。財務比率の重要性は担保物の重要性に劣り、担保物が一次的な返済原資とみなされる貸出手法である。企業の信用状態よりも企業が有する担保の価値に依拠して融資額が決められ、ABLにおいて会社の信用状態はあたかも二次的な返済原資であるかのようである[7]。

　ABLは在庫や売掛金の担保に依拠した1つの貸出手法であり、その担保の評価額範囲内での繰り返し借入と返済が可能な極度金額型の貸付形態であり、リボルビング方式と呼ばれるものである。

---

7) Gregory F. Udell, *Asset based finance*, The commercial finance association, 2004, p.5.

図表1-7　銀行側から見る ABL の貸出可能額１

【適格担保×アドバンスレートが融資限度額以下のケース】

（出所）筆者作成

　図表1-7は、銀行から見る ABL の担保と貸出可能額の関係を表している。適格担保にアドバンスレートを掛けた借入可能額が融資限度額（与信枠）よりも少ない場合、借手は借入可能額の範囲で繰り返し借入することが可能である。

　適格担保とは、担保から不適格な担保を除いた額である。代表的な不適格債権の例は、回収が疑わしい売掛債権等である。不適格な担保は評価額の対象からはずすことになる。

　売掛債権を担保から除外すべき不適格債権の代表的な例は、次の通りである[8]。１つ目は、回収が長期化している売掛債権の除外である。借手の得意先の財務内容が良好で市場の力関係で支払サイトが長期化しているときや特定の業界を除き、回収に概ね90日以上かかっている場合は、回収リスクが高いと判断して売掛債権から除外することが多い。２つ目に、借手の得意先の一部に回収が遅れているときにその売掛債権の全てを不適格とする。例え

---

8)　ABL 実務研究会、奥野総合法律事務所・外国法共同事業『実行の手引き　融資から回収まで』経済法令研究会、2015年、80-82頁。
　　トゥルーバグループホールディングス株式会社『アセット・ベースト・レンディングの理論と実務』金融財政事情研究会、2008年、328-334頁。

ば、借手のある得意先の売掛債権の一部の回収が遅れている場合、その得意先の全ての売掛債権を担保の対象から除外する。3つ目に、借手の得意先が同時に借手の債権者でもある場合、追加の取引により債権よりも債務の残高が多くなってしまうことも想定しうる。そのため、借手の得意先が同時に借手の債権者である場合は、その売掛債権を除外する。4つ目に、借手が得意先に対して値引き、返品、誤った請求により売上債権の希薄化が生じた場合、その希薄化部分は不適格とみなし、売上債権から除外する。5つ目に、借手の売掛債権が特定の得意先や特定の業種に極端に集中している場合には、リスク分散の観点から売掛債権の一部を不適格として除外する。6つ目に、借手の関係会社間の売掛債権がある場合、売掛債権を不適格とみなし除外する。関係会社間の実態のない融通による債権債務がある場合が懸念されるためである。7つ目に借手の売掛債権が著しく信用力の劣った企業のものである場合、その売掛債権を不適格として除外する。信用力が劣った企業の売掛債権は決済されないリスクが高いためである。

　売掛債権から不適格債権を除外した上で売掛債権を割引く。割引率は、主に回収にかかる弁護士費用等回収コストを吸収するためのものである。その他、割引率は前述以外に経済情勢、地域情勢等も組み入れコストを吸収することも想定しなければならない。

　一方、在庫等の動産については、適格担保には、いくつかの注意点がある。たとえば、在庫が適格担保であるためには、借手が占有しているか委託契約を交わしている倉庫業者のもとに所有されている必要がある。よって、委託販売商品や関連会社所有物件は不適格な担保となる。在庫に対するアドバンスレートは、債権に比べて担保物の流動性が低いこと、担保物の価値を簿価から決めるのは困難であること、担保物の管理は債権よりも難しいことから通常、債権担保よりも低いレートが適用される。さらに、在庫担保においては、原材料、仕掛品、製品のどの段階であるかによって、価値が異なる。原材料は通常市場性があることから担保として価値を測ることが可能であるが、仕掛品や製品の場合、市場性がなく評価が困難な場合がある。

図表1-8　銀行側から見る ABL の貸出可能額 2

【適格担保×アドバンスレートが融資限度額を超えるケース】

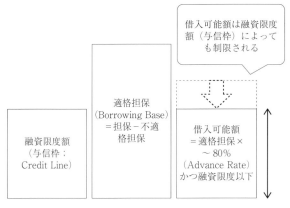

（出所）筆者作成

　図表1-8は、銀行から見る ABL の担保と貸出可能額の関係の 2 つ目である。適格担保にアドバンスレートを掛けた借入可能額が融資限度額（与信枠）を超える場合、借入可能額は融資限度額の範囲まで圧縮され、借手は融資限度額の範囲で繰り返し借入が可能になる。

　借入可能額は、融資限度額以下であり、かつ、適格担保にアドバンスレートを掛けた借入限度額以下であることが要求される。そして、企業は、その貸出可能額の範囲で繰り返しリボルビング型の借入ができることが米国の ABL の特徴である。

　担保の価値の範囲内で貸出が行われることで、金融機関は企業の信用状態ではなく、担保に依拠した貸出ができるのである。このように米国の ABL は貸出の仕組である貸出手法が確立している。しかしながら、日本の ABL は貸出の仕組として確立されているとは考え難い。

　まず、日本の ABL の定義から確認する。経済産業省は、金融機関、実務経験者、学識経験者等を委員とする ABL 研究会の開催をはじめ、ABL 普及のための委員会を開いている。その際、ABL について「企業の事業収益資

産に着目し、これを評価・管理し、その大きさと資金需要に応じて与信枠を設定する手法であり、不動産担保や個人保証に過度に依存しない融資手法」とし、「動産債権担保融資」と呼称している[9]。

ABL協会は次の通り定義している。「不動産担保や個人保証に過度に依存しない融資手法が着目される」とし、「企業が有する在庫や売掛債権、あるいは機械設備等の事業収益資産を活用した金融手法」としている[10]。すなわち、ABLは不動産担保と個人保証に依存せず事業収益資産を評価・管理しつつ信用を供与する融資手法であるとしている。

日本で最初にABLを実行した商工中金では、ABLの事業資産について次のように定義している。ABLにおいて設定される譲渡担保権や質権の対象となる在庫や売掛金は、『原材料の仕入→商品（在庫）の製造→在庫販売による売掛金取得→売掛金の回収→回収金による原材料の仕入』という事業のライフサイクルに伴って絶えず循環・流動していくとする[11]。商工中金をはじめとする一部の銀行では、ABLを流動資産一体担保型融資と呼称している[12]。

在庫や売掛金を事業のライフサイクルの一部と捉え、これに対して担保設定していることを示している。

「譲渡担保設定者（債務者）は、通常の営業の範囲内で集合動産（在庫品）を売却処分し、集合債権（売掛債権）を回収する権限があり、処分代金、回収資金を営業資金等に用いることができる。」として債務者の処分権を明確にし、「集合動産譲渡担保、集合債権譲渡担保では、処分代金や回収資金を

---

9) 経済産業省『動産・債権担保融資（ABL）の普及・インフラ構築に関する調査研究』、2008年3月。（http://www.meti.go.jp/committee/summary/0004471/report01.html, visited at 20151025.）
10) ABL協会「ABL協会設立趣意書」。
（http://www.moj.go.jp/content/000076178.pdf, visited at 20151025.）
11) 中村廉平「再建型法的倒産手続におけるABLの取扱いに関する考察―いわゆる「固定化」問題を中心として―」『NBL』908号、2009年7月、30頁。
12) 商工中金「流動資産一体担保型融資（アセット・ベースト・レンディング）」第1号案件を実行－事業のライフサイクルを主眼とした中小企業の資金調達の新展開－平成17年5月26日」。
（http://www.shokochukin.co.jp/newsrelease/nl_abl.html, Visited at 20151025.）

設定者（債務者）の営業資金ないしは借入金の返済に用い、新たに流入する集合動産（在庫品）や発生する集合債権（売掛債権）は譲渡担保対象物となり、借入れが反復される。集合動産譲渡担保、集合債権譲渡担保は以上のような反復循環構造を本質とする」[13]として、新たに流入する資産は反復的に担保の対象となることを示唆し、ABLを「集合動産譲渡担保、集合債権譲渡担保」と担保から説明を試みる説もある。

社団法人全国信用保証協会連合会においては、ABLを流動資産担保融資と呼称している[14]。

近年、日本銀行は、ABLについて「動産や売掛債権を担保とし、その評価・モニタリングを通じて企業実態を把握する融資手法」としている[15]。

日本の公的機関や有識者のABLに対する捉え方には、事業の収益資産を評価し、その流入・流出する事業収益資産を担保として、企業実態を把握するという。こうしたABLの定義からは、動産譲渡担保や債権譲渡担保を利用し得る担保としての認識が中心であり、どのような貸出手法とるのかについては、明示されていない。具体的には、売掛債権担保貸出や在庫担保貸出とABLの違いにすら明確にされていない。この点において、日本のABLは、米国のABLとはやや異なる認識が生じているといわざるを得ない。

日本型ABLは不動産担保の他に在庫や売掛債権も担保とすることができるようになった点で評価されているが、貸出手法としてどのように確立していくかは今後の課題である。

---

13) 須藤正彦「ABLの二方面での役割と法的扱い―事業再生研究機構編『ABLの理論と実践』を読んで」『NBL』879号、2008年4月、29頁。
14) 社団法人全国信用保証協会連合会「流動資産担保融資保証制度（ABL保証）」。(http://www.zenshinhoren.or.jp/guarantee-system/hoshoseido.html#a, Visited at 20151025.)
15) 日本銀行金融機構局金融高度化センター『商流ファイナンスに関するワークショップ報告書』、2014年2月。

2　日本の銀行における ABL の導入例
(1)　政府系銀行

　政府系銀行の ABL モデルとして商工中金の流動資産一体担保について紹介する[16]。同銀行は、日本で初めて ABL を実行した銀行である。事業のライフサイクルを主眼とし、流動資産を一体の担保として運転資金を融資している。

　基本的に事業用運転資金を想定しており、極度額の範囲内において自由に借入れと返済ができる極度貸付である。融資が約定通り返済されれば、当該融資が実行される前の金額まで極度融資枠が復活する、リボルビング型である。企業は、商工中金で ABL 専用の預金口座を開設し、事業活動の結果として発生したキャッシュフローを同口座に集中させることが求められる。融資返済も同預金口座からの返済となる。これによって商工中金は商流をつかみ易くなる。コベナンツは、一定のものではなく個別案件毎に指標や財務遵守条項を定める。財務状況の報告については、①月次または数ヶ月毎に貸借対照表、損益計算書及び資金繰り表を報告、②月末時点における各取引金融機関に対する預金及び借入残高を報告、③事業年度毎に財務諸表及び附属明細書並びに確定申告書を報告、④財産、経営又は業況について報告を貸出先に求めている。

　金銭消費貸借契約書には、次のようなケースにおいて商工中金に届出する旨の承諾事項が含まれる[17]。合併、会社分割、担保提供、多額の借入れ等、代表取締役の変更、中間配当を含む利益配当、減資又は自己株式の買入・消却、役員に対する賞与または退職慰労金の支給、一定額以上の役員報酬の支給である。財務遵守条項違反や、請求失期事由が生じた場合、直ちに借入企

---

16)　中村廉平、藤原総一郎「流動資産一体担保型融資（アセット・ベースト・レンディング）の検討―事業のライフサイクルを主眼とした中小企業の資金調達の新展開―」『旬刊金融法務事情』53（12）1738号、2005年5月、52-61ページ。
17)　経済産業省　平成19年度動産・債権担保融資（ABL）インフラ整備調査委託事業「動産・債権担保融資（ABL）の普及・インフラ構築に関する調査研究　報告書　テキスト編」2008年。（http://www.meti.go.jp/committee/summary/0004471/g80430a03j.pdf, Visited at 20130106.）

業の期限の利益を喪失させるのではなく、極度枠のみの喪失や新規の融資の停止に留める対応をしている。代表者が不誠実であるとき等一定の義務違反があった場合、違反による停止条件として代表者に連帯保証債務を義務付けるときがある。

　ABLの担保の範囲は流動資産を一体として捉えるが、大きくは動産担保、債権譲渡担保、預金担保の3つに分けられる。動産担保は在庫を譲渡担保としている。材料、仕掛品、在庫商品等動産を集合物として捉え、当該場所に搬入された時点で所有権を銀行に移転し、譲渡担保の目的物となる法律構成を採用している。対抗要件は、占有改定（第三者が占有している場合は指図による引渡）によって具備するとともに、譲渡特例制度に基づく動産譲渡登記制度を利用している。占有の移転を第三者に明らかにする公示書は、銀行が請求したときのみであり、実務的には譲渡特例法の登記がされたときは要求しない。動産担保の経常取引の管理は、月次取引明細を銀行に提出させ、随時動産の所在場所に立ち入り管理状況を確認している。法的倒産手続は、借入企業が被担保債務について期限の利益を喪失した場合、動産の処分・変更等を禁止している。ABL契約では、動産の保全のため動産の所在場所の使用貸借契約を約定、動産の搬出・処分が可能である。法的倒産手続開始の決定がなされた場合を想定し、動産の担保権評価について仕入価格相当額を基準としている。

　債権担保は、売掛金等を譲渡担保としている。法的構成は、将来発生する債権を集合的に譲渡担保としている。また、譲渡特例法が第三者を特定せず将来債権の譲渡を有効としていることを受当該債権譲渡担保にも第三債務者を特定しない。対抗要件は、債権譲渡通知書を予め借入企業が貸主に交付し、銀行から第三債務者に送付することが可能な状態にしておくことを原則とする。但し、債権譲渡登記したときは省略する。経常取引は、借入企業は銀行より債権の「取立委任」を受け債権を従来通り取引先から弁済を受けることとし、可能な限り貸付管理口座に振込させている。手形については担保として銀行に譲渡させている。そして、月次取引明細を銀行に提出させてい

る。譲渡禁止特約付債権については、銀行が借入企業から代理受領権限を取得している。具体的には、借入企業は銀行が代理権受領権限を有する旨記載した通知書を第三債務者に交付しなければならない。法的倒産手続は、法的倒産手続開始の決定がなされた場合を想定し、債権の担保権評価について予め当該債権の額面を基準としている。

預金担保は、質権とし、相殺することがある。法的構成は、当該銀行に開設する貸付管理口座に質権を設定する。これは、シンジケートローンを想定したもので、通常は相殺の担保的効力で十分とする。経常取引は、1日当たり出金額を設定、超過時に銀行は拒否または保留が可能である。期限の利益喪失事由発生時は、残高を減少させる一切の取引を拒否または保留がなされる。法的倒産手続では、法定の手続き及び口座から直接取立し債権の弁済に当てることが可能である。

(2) 都市銀行

都市銀行のABLモデルとして三菱東京UFJ銀行の取り組みの概要を整理する[18]。同銀行のABLは当座貸越方式であり、月次の在庫量に応じて借入限度額を変動させるスキームを2006年7月に開始している。同銀行のABLの特徴は、大きく3つ挙げることができる。1つ目は、外部の動産評価専門機関による在庫評価である。2つ目は動産・債権譲渡特例法による登記を利用すること。3つ目に事業再生支援の1つの方法としてABLを活用していることである。ABLの取扱開始当初から、在庫担保を外部専門機関で評価した評価額に掛目を掛けて借入可能限度額を設定している。2008年には事業再生の支援の一環としてABLの活用を本格化させてABL残高を増加させている。

同銀行の報告からABLにおいて債権回収の事案について興味深いデータが示されている。民事再生により事業継続する貸出先からは債権回収率が高

---

[18] 三菱東京UFJ銀行「三菱東京UFJ銀行のABLに対する取組み」。
(http://www.boj.or.jp/announcements/release_2011/data/rel111205a5.pdf, Visited at 20130106.)

く、事業継続しない企業は債権回収率が低いという結果である。事業が民事再生等によって継続される場合は在庫や売掛金の担保を換価することなく、別除権交渉や物上代位等によって債権回収が100％なされている。一方、事業が継続されず、破産や廃業された場合、担保の換価処分により、貸出債権の一部のみの債権回収となっている。そして、まったく債権回収できなかった事例は、自主廃業、事業譲渡、虚偽申告によるものと報告されている。

同銀行のABLは「事業の継続性」および「担保の確実性」によって審査がなされている。業歴・取引年数、中長期的な取引継続の可能性、企業規模による「事業の継続性」およびデータ開示・実地調査への協力、取り扱いの容易性等の商品特性、保管場所や保管状態及び商取引上の権利関係の制約の有無による「担保の確実性」である。

同銀行は、登記による対抗要件具備に関しては、3つの留意点を示している。まず、占有改定されていても債務者が担保物である在庫を引続き利用しているため、外観から担保権の有無が判然としないこと。次に、第三者に譲渡された場合、その第三者が善意・無過失であれば、担保権が及ばない可能性が高いこと。そして、保管場所の特定には限界が有り、特例法の登記をしていても在庫等を移動されてしまえば担保権が及ばないことを挙げている。すなわち、不動産担保と異なり、登記した後も担保権が明確とは言えず、現状の対抗要件具備は、債権保全の実務上必ずしも十分ではないとしている。担保による回収を確実にする目的で、動産債権譲渡特例法の登記および在庫等のモニタリングの重要性がこれまでよりも増しているといえよう。

第3節　日米ABLの比較

1　米国のABLの仕組みと歴史

ABLは、不動産担保を用いない中小企業の新たな融資手法の1つとして着目されている。まず、日米ABLの違いを検討する。例えば、米国においてABLはトランザクション・テクノロジーとして認知されているが[19]、日

本の金融機関ではリレーションシップ融資の手法として注目している。ABLに対する日米の違いについての研究からは十分な説明がなされておらず、その解明が求められている。日米ABLの定義や概念および企業と銀行の取引状態から日本のABLのあるべき方向性を探る。

次に、財務遵守条項の問題である[20]。本来ABLは債権・動産に依拠した担保価値に重点を置いた融資であり、ABLの財務諸表の審査は二次的になされるに過ぎない。しかしながら、財務遵守条項が付帯されている場合には財務諸表分析はモニタリング手法の1つとして必要不可欠である。

ABLは商流を捉え、その一環である在庫や売掛債権を担保にした融資であることから、担保実行により企業の息の根を止めてしまうことになり得る融資手法である。一方で金融機関にとっては担保権の実行のタイミングを逃すと債権回収ができなくなる虞がある。こうしたリスクを軽減するための契約の一つに財務遵守条項がある。財務遵守条項については棚卸資産の例を挙げ、ABLにおける財務遵守条項の意義を示唆する。

ABLは、融資技術の一形態である。米国でのABLのはじまりには諸説ある。米国の流動資産に対する担保制度は、19世紀末に始まったといわれている。1980年代企業の資産を清算して現金に換価するリクイデーター（Liquidator）が活躍し始め、このリクイデーターがノンバンクを設立し融資を始めたが今日のABLの原型であるという説がある。しかし、1940年代とする説も有力説である[21]。その理由は、1940年に債権譲渡法により債権流動化が始まったことにより、1950年からABLが発展し始めたという説である。1940年、第二次世界大戦に参加を見込んでいた米国は、軍事産業への支払代金を第三者へ債権譲渡することを民間企業に認めていなかったが、軍事

---

19) Allen N. Berger, Gregory F. Udell,"A More Complete Conceptual Framework for Financing of Small and Medium Enterprises", *World Bank Policy Research Working Paper* 3795, December 2005, pp.3-7.
20) コベナンツは遵守条項である。財務に関わる遵守を財務遵守条項とする。
21) Murphy, John J., "Asset-Based Lending: Evolution to Revolution - Part ii, 1940-1960s". *The Secured Lender*,48.5 Sep/Oct 1992, p.46.

産業活性化のために債権流動化法案を可決させた。

　その後、1980年代には銀行が ABL を扱うノンバンクを買収することで銀行内に ABL 部門が設置され、2001年の UCC 改訂によりインターネットでの登記情報入手が可能になったことで利便性が高まっているとされる。

　1990年になると大手商業銀行がノンバンクを買収し ABL に本格的に進出した。2000年以降は、案件が大型化し、LBO（Leveraged buyout）等の M&A に関わるファイナンスにも用いられるようになった。

　さて、Udell は、ABL をはじめとした米国の融資技術について審査、契約、モニタリング等組み合わせによって、いくつかの類型に分けている[22]。それらのうち代表的なものが財務諸表融資（Financial Statement Lending）、クレジット・スコアリング（Credit Scoring）、リレーションシップ貸出（Relationship Lending）、ABL であり、以下に簡潔にまとめておく。

　財務諸表融資は、本来、一般に公正妥当と認められる「公正なる会計慣行」を規範とした会計に基づいて作成された財務諸表や比較的透明性の高い客観的な情報を金融機関が入手して審査するものである。財務諸表融資は事前の審査が重要となる融資技術である。財務諸表の客観的なデータから将来のキャッシュフローを予測して与信判断するものであり、信用リスクに応じて担保や保証等を条件としたリスク回避行動をとるのが一般的である。財務諸表融資は客観的な基準に基づいた「ハード情報」により融資判断するトランザクション・テクノロジーの１つである。

　クレジット・スコアリング融資は、もともと企業ではなくクレジット・ヒストリー等個人の消費者信用情報を基にデータを数値化し大数の法則的に審査され、中小企業の融資にも応用されてきた経緯がある。代表的なクレジット・スコアリング手法に FICO（Fair Isaac and Co.；以下 FICO とする）の

---

22) Allen N. Berger, Gregory F. Udell, "A More Complete Conceptual Framework for Financing of Small and Medium Enterprises", *World Bank Policy Research Working Paper* 3795, December 2005, pp.3-7.

信用力数値化モデルがあり、中小企業特有の不透明な情報リスクを確率統計によりリスク回避する目的で多くの米国中小銀行や商業銀行がFICOのモデルを利用している。その他、自行内にデータを蓄積して信用力数値化モデルを構築している銀行もある[23]。

クレジット・スコアリング融資は、トランザクション・テクノロジーの一種であり、1990年代半ば以降米国で普及した。データによって融資のためのスコアまたは要約統計量が生成され、ローンパフォーマンス予測モデルに入力される。与信上限は通常10万ドル以下と少額である[24]。クレジット・スコアリング融資は、消費者信用情報を基にした予測モデルのため中小企業の少額の運転資金には対応できるが、多額の資金需要や設備投資の対応には困難であり、中小企業の資金需要に万能ではないという課題が残る。

リレーションシップ貸出は、中小企業、そのオーナーおよび地域社会等との長い時間をかけて接触を介して集められた「ソフト情報」に依存して融資することをいう。「ソフト情報」の収集の範囲は広く、対象の企業、経営者、サプライヤー、顧客、または隣接する企業等の対象企業以外も情報収集の対象である。「ソフト情報」は、銀行担当者が中小企業の経営者や関係者に直接ヒアリングし、行動を観察することを通じて取得されるため、融資担当者が作り上げた情報である。例えば、借手企業の代表者が信用できるか、と言った人物評価等の「ソフト情報」は、面談した銀行担当者が定性的・主観的に判断した結果である。米国の「ソフト情報」によるリレーションシップ融資は、銀行担当者が主観的に判断し、融資を実行する技術に他ならず、結果的に銀行担当者の主観にある程度の裁量を委ねることとなる。通常、リレーションシップ融資では、担当者の収集分析による「ソフト情報」が「ハード情報」よりも信頼性が高いと判断される。

ABLは担保価値の範囲で信用供与され、流動資産担保を返済原資にした

---

23) 前田真一郎『米国リテール金融の研究』日本評論社、2014年、246頁。
24) 信金中金「リレーションシップバンキング再考―米国の中小企業向け貸付テクノロジー―」『NEWYORK通信』第16-3号、2004年11月、6頁。

トランザクション・テクノロジーである。ABLの与信総額は、担保として使用される資産の清算価値がデータにより自動的に管理される。「一般の売掛金や在庫を担保とする融資」とABLの違いは、「一般の売掛金や在庫を担保とする融資」は返済原資がキャッシュフローであり、売掛金や在庫勘定の質権の担保は二次的な返済原資であるのに対してABLは担保の価値に応じた融資を行い、担保自体が換価されることで担保が一次的な返済原資となることにある。

2　ABLの専門業者

経済産業省のABLに関わるアンケートでは、ABLを実施しない理由として「社内に担保評価やモニタリングに関するノウハウがない」と50％を超える銀行が回答している[25]。不足していることを課題と述べている銀行が多い。さらに、ABLを実施した銀行の課題としても「管理・モニタリング業務が課題である」という回答がもっとも多い。その他に業務プロセスの課題として担保の「処分業者を見つけるのが困難」という回答がある[26]。

ABLの活用がすすんでいる米国では、流動資産担保物の活用について、金融機関と外部の専門会社との連携が行われている。大きく分けると、**図表1-9**「ABLの専門業者」のように①アプレイザー、リクイデーター、オークショニアーのように担保評価を行う会社、②リクイデーター、オークショニアーのように担保処分を行う会社③フィールド・イグザミナー、監査法人のようにモニタリング・実地調査を行う会社の3つのタイプに分けることができる。

---

25)　経済産業省経済産業政策局産業資金課『平成22年度調査　ABLの概要と課題』日本銀行金融高度化セミナー、2011年。
　（http://www.boj.or.jp/announcements/release_2011/data/rel111205a3.pdf, Visited at 20130107.）
26)　前掲、経済産業省経済産業政策局産業資金課『平成22年度調査　ABLの概要と課題』日本銀行金融高度化セミナー、2011年。

図表1-9 ABLの専門業者

(出所) 堀池篤「動産の買取り・処分業務の実際と今後の展開」『ABLの理論と実践』より作成[27]。

　アプレイザーをはじめとする担保評価の専門業者は、融資枠であるborrowing baseを算出する上で重要な役割を担っている。特に動産分野において専門性が期待される。リクイデーターをはじめとする担保処分の専門業者は担保評価もあわせて行っている場合が多い[28]。フィールド・イグザミナーをはじめとするモニタリングの専門業者は、融資初期だけでなく経常的にも実地調査を行う。
　日本のABLの普及における課題の1つは、この専門業者の問題である。銀行にノウハウがなく、組織内に専門部署をおけない場合、外部の専門会社を利用することができる筈であるが、2011年の経済産業省のABLの普及に関するアンケート結果からは、活用できていない結果が示されている。

3　日本のABLの専門業者

　動産債権担保は、動産の評価、動産の存在の実査、債権の決済や回収の状況のモニタリングが課題とされている。銀行をはじめとした金融機関では、こうした動産債権担保に対するノウハウが十分とはいえず、事務コストに対する対策が急務と考えられている。
　徐々に広がりつつある動産債権担保については、専門業者が実績を積み上

---

27) 堀池篤「動産の買取り・処分業務の実際と今後の展開」『ABLの理論と実践』商事法務、2007年、121-162頁。
28) トゥルーバグループホールディングス株式会社『アセット・ベースト・レンディング入門―不動産担保に依存しない新しい中小企業金融手法』金融財政事情研究会、2005年、72頁。

げ始めている。**図表1-10**は、日本における動産債権担保の代表的な専門業者とその主たる業務内容である。各専門業者は、動産の評価および動産の処分を得意としている。そのうち2社についてはモニタリングにも対応している。そして、1社は金融機関等を対象に動産鑑定評価の民間資格を授与している。

図表1-10 日本の代表的なABLの専門業者と業務

	特定非営利活動法人日本動産鑑定	トゥルーバグループホールディングス（株）	（株）ゴードン・ブラザーズ・ジャパン
動産評価	・評価時点での流通価格と処分価格を算出。	・平常時と有事に分けて分析。 ・有事は実行可能性の高い換価処分のシナリオを提示。	・動産担保評価。 ・機械設備の鑑定評価。
モニタリング	・担保動産の写真撮影。 ・借手、倉庫業者、貸手の三者契約により24時間モニタリング管理。	・管理保管状況の実施調査。 ・サンプリング調査 ・提出された膨大なデータの分析	
動産処分	・日本動産鑑定の賛助会員（ディスカウントストアー、商社、問屋、メーカー、リース業者、ネット販売業者、等）による処分市場での処分。 ・閉店セールや処分品セールによる販売支援。	・処分先の斡旋、買取等。 ・処分額の確定。 ・出庫、搬出の立会い。	・動産の換価処分。 ・余剰在庫の買取。 ・店舗網再構築。
特徴	・日銀出身者の他、元経済産業省ABL研究会委員等複数。 ・金融機関の会員多数。銀行等に対して動産鑑定の教育を実施。動産評価鑑定者の民間資格を授与している。	・代表者は、元経済産業省ABL研究会委員。	・主要株主 Gordon Brothers Group LLC.、株式会社日本政策投資銀行。

（出所）各社公開ホームページより作成

在庫等動産の評価においては、動産を処分する市場に対する理解や換価において短時間のうちに処分しないと商品が陳腐化するといったABL特有の動産の処分ノウハウも必要であることから専門とする業者は少ないことが想定しうる。しかしながら、在庫を担保としてABLを実施する潜在的なニーズを持った国内の金融機関からの依頼を十分に満足させる体制が整っているとはいえない点においてABL発展のための課題として挙げることができる

4　米国売掛金の回収システム

　米国の貸出に対する返済金の受け皿については、次の方法がある。借手がその得意先に銀行の預金担保口座に振込するよう指定するか、または、ロックボックスと呼ばれる銀行内の私書箱に小切手を送付するように通知することによる[29]。

　一方、日本では、ロックボックスに相当するシステムはなく、借手は複数銀行と取引しているため借手の売掛金回収口座を一行に指定することが困難な上、預金口座に譲渡禁止特約が付されているため、自行の預金以外の他行の預金を担保とすることが実務的に難しいという課題が残るっている[30]。ABLの普及には、ロックボックスに類似する方式や譲渡可能な預金担保口座の創設を検討すべきであろう。

5　日米金利水準の相違

　図表1-11は、日米短期プライムレートを示している。日本の金利は1.475%で推移しており（2014年）、貸出金額の少ない場合、費用を吸収できないケースが生じる。米国においては、3.25%（2014年）である。

---

29) Hilson, John Francis, *Asset-based Lending*, Sixth Edition, Practicing Law Institute, 2010, Chapter one p.3.
30) 米国の中小企業の取引金融機関数は一行取引が多い（従業員規模別1人～499人：82-93%）。日本は複数行取引が多い（非上場企業0人～301人以上：88-93%は複数行取引）。
小野有人、西川珠子「米国におけるリレーションシップバンキング」『みずほ総研論集』Ⅲ号、2004年、24頁。

図表1-11　日米短期プライムレート（単位：%）

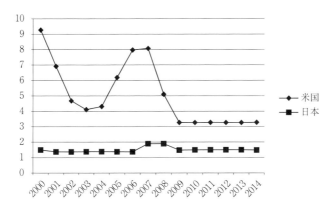

（出所）Board of Governors of Federal Reserve System, "Average majority prime rate charged by banks on short-term loans to business, quoted on an investment basis".
(http://www.federalreserve.gov/releases/h15/data.htm, visited at 20151025.)
および、日本銀行「長短期プライムレート（主要行）の推移」より作成。
(https://www.boj.or.jp/statistics/dl/loan/prime/prime.htm/,visited at 20151025.)

　日本の金融機関は、低金利のためスプレッドの上乗せが困難になっていると言われる[31]。金融機関によって差はあるものの、通常、中小企業の審査においては財務分析や取引振りから格付による一定の金利ガイドラインが用いられる。ガイドライン通りに金利を適用すると財務内容や事業内容の良い企業は競合金融機関の提示する低金利によって貸出の機会を奪われてしまう。しかし、プライムレートを基準にしたスプレッド基準はないがしろにできず、アンダープライムによる赤字は回避しなければならない。競合状態の激しい中小企業の貸出市場においては金利競争が激しく、プライムレートへの金利上乗せが悩みとなっているという。中小企業への小口貸出の案件におい

31）都市銀行A行へのヒアリング調査。（2014年1月11日）

ては、一定の金利を上乗せずには稟議書の事務コストすら回収できないことになる。実務的には、低金利かつ競争状態の激しい金融環境のもとでは、モニタリングコストが高いABLを積極的に取り扱うインセンティブが金融機関に生じ難いという問題がある。

6　米国ABLの実態

図表1-12は、担保別貸出金利の中央値である。米国の貸出額に対して、売掛金担保、在庫担保、不動産担保における貸出金利の平均値を示している[32]。

1百万ドル以下の貸出の場合、不動産担保では10％弱、売掛金担保は17％、在庫担保に至っては20％を超えている。金額が増加すると金利は低下している。例えば、1千万ドル以上は4％と短期プライムレートに約1％前後の上乗せになっている。日本型ABLではモニタリングコストが高く、割に合わないといわれるが、米国ではモニタリングコストを吸収する金利設定がなされているといえる。

図表1-13は、民間資本市場が要求する投資収益率である。1百万円のローンに対する収益率の中央値は9.8％であり、金額が大きくなると投資家が要求する収益率は低下する。例えば、50百万円のローンでは、中央値が4％である。

---

32) 本調査における金融機関は、コミュニティーバンク65％、商業銀行19％、ファイナンスカンパニー8％、他8％となっている。

図表1-12 担保別貸出金利（中央値）

	Accounts Receivable	Inventory	Real estate
Less than $1 million	17%	21.5%	9.8%
$1-5 million	13%	15.0%	9.8%
$5-$10 million	10%	12.0%	7.8%
$10-25 million	4%	4.5%	4.0%

（出所）Craig Everett, (2015) "2015 Capital Markets Report," Pepperdine private capital markets project. P.29.
(http://bschool.pepperdine.edu/about/people/faculty/appliedresearch/research/pcmsurvey/content/ppcm-report-2015.pdf, Visited at 2015.10.25)

図表1-13 民間資本市場が要求する投資収益率

	1st quartile	Median	3rd quartile
ABL ($1M loan)	6.4%	9.8%	12.3%
ABL ($5M loan)	6.1%	7.8%	9.1%
ABL ($10M loan)	4.5%	5.0%	9.0%
ABL ($25M loan)	3.6%	4.3%	4.9%
ABL ($50M loan)	3.5%	4.0%	4.5%
Bank ($1M CF loan)	5.0%	5.5%	6.0%
Bank ($5M CF loan)	4.5%	5.0%	5.5%
Bank ($10M CF loan)	3.8%	5.0%	5.5%
Bank ($25M CF loan)	3.0%	4.0%	5.0%
Bank ($50M CF loan)	3.0%	3.5%	3.5%

（出所）Craig Everett, (2015) "2015 Capital Markets Report," Pepperdine private capital markets project, p.5.
(http://bschool.pepperdine.edu/about/people/faculty/appliedresearch/research/pcmsurvey/content/ppcm-report-2015.pdf, Visited at 2015.10.25)

図表1-14は、ABLの具体的な特性である。米国のABLの主たる貸出先は、金融業および不動産業が32％、製造業が19％、個人消費財およびサービ

スが14％であり、この合計で全体の65％に達する。

図表1-14　ABL貸出先の業種（単位：％）

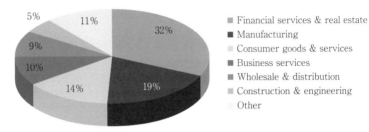

（出所）Craig Everett,（2015）"2015 Capital Markets Report," Pepperdine private capital markets project,p.29.
（http://bschool.pepperdine.edu/about/people/faculty/appliedresearch/research/pcmsurvey/content/ppcm-report-2015.pdf, Visited at 2015.10.25）

図表1-15　金融機関の概要（単位：％）

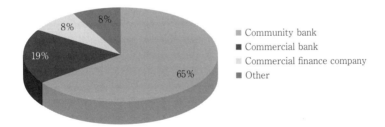

（出所）Craig Everett,（2015）"2015 Capital Markets Report," Pepperdine private capital markets project, p.22.
（http://bschool.pepperdine.edu/about/people/faculty/appliedresearch/research/pcmsurvey/content/ppcm-report-2015.pdf, Visited at 2015.10.25）

　図表1-15は、ABLの貸出主体を表している。コミュニティーバンクが65％であり、商業銀行19％を合わせて84％と大半を占めている。
　図表1-16は、政府のローンプログラムに参加したか否かを示している。86％とほとんどのABL貸付は政府のローンプログラムを利用している。

図表1-16　政府貸出プログラムの参加の有無（単位：％）

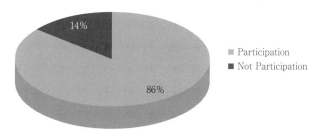

（出所）Craig Everett, (2015) "2015 Capital Markets Report," Pepperdine private capital markets project, p.22.
(http://bschool.pepperdine.edu/about/people/faculty/appliedresearch/research/pcmsurvey/content/ppcm-report-2015.pdf, Visited at 2015.10.25)

図表1-17は、一般的な貸出金額の大きさを表している。最も頻度が多いのは、１百万ドルから５百万ドルの間であり全体の44％である。１百万ドル以下は20％であり、５百万ドル以下は64％と過半数を占める。

図表1-17　典型的な貸出１回あたりの金額（単位：％）

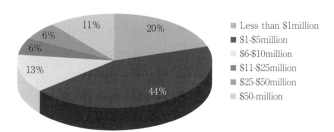

（出所）Craig Everett, (2015) "2015 Capital Markets Report," Pepperdine private capital markets project, p.23.
(http://bschool.pepperdine.edu/about/people/faculty/appliedresearch/research/pcmsurvey/content/ppcm-report-2015.pdf, Visited at 2015.10.25)

7　日本のABLの貸出実態

図表1-18は、日本の金融機関別ABLの貸出残高を図示したものである。

都市銀行を中心とした主要行が45％であり、続いて地方銀行が23％である。この２つで全体の68％を占める。

図表1-18　日本の金融機関別 ABL の貸出残高の比率
（単位：％）

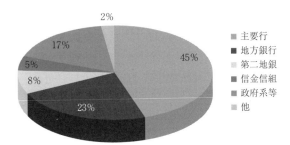

（出所）デロイトトーマツコンサルティング、平成26年度総合調査研究「GCM 及び ABL の現状と普及促進に向けた課題の調査等」、経済産業省、2015年７月、41頁より作成。
（http://www.meti.go.jp/meti_lib/report/2015fy/001075.pdf, Visited at 20160128.）

図表1-19　日本の銀行別貸出実行額　（単位：億円）

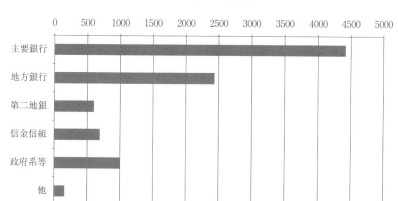

（出所）デロイトトーマツコンサルティング、平成26年度総合調査研究「GCM及びABLの現状と普及促進に向けた課題の調査等」、経済産業省、2015年7月、41頁より作成。
（http://www.meti.go.jp/meti_lib/report/2015fy/001075.pdf, Visited at 20160128.）

　図表1-19は、銀行別貸出実行額である。主要行は、約44百億円、地方銀行は、約24百億円である。

　図表1-20は、担保種類別実行額の割合である。家電と太陽光発電設備で83％を占める。

図表1-20　担保種類別実行額　（単位：％）

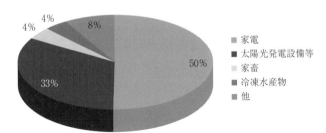

（出所）デロイトトーマツコンサルティング、平成26年度総合調査研究「GCM及びABLの現状と普及促進に向けた課題の調査等」、経済産業省、2015年7月、13頁より作成。
(http://www.meti.go.jp/meti_lib/report/2015fy/001075.pdf, Visited at 20160128.)

8　日米の銀行環境

日本の全銀行580行[33]に対して、米国は商業銀行のみで5,869行である[34]。図表1-21の通り、米国商業銀行は過去5年間、毎年200行から300行の間で減少し続けている。

日本の中小企業が通常複数銀行と取引しているのに対して[35]、米国では通常一行取引が主流である[36]。銀行と中小企業の取引形態の前提が日本と米国では、大きく異なる。

---

33)　預金保険機構「預金保険対象金融機関数の推移」2014年。
　　(https://www.dic.go.jp/kikotoha/zaimu/hokenryo/kikan-suii.html, Visited at 20141129.)
34)　FDIC (Federal Deposit Insurance Corporation), Federal Deposit Insurance Corporation changes in number of institutions FDIC-Insured Commercial Banks, Federal Deposit Insurance Corporation, 2014.
35)　非上場の中小企業の取引銀行数は、2-3行。堀江康熙「企業の取引銀行数の決定要因」『九州大学経済学会経営学研究』第70巻第4・5号、2004年4月、290-291頁。
36)　小野有人、西川珠子「米国におけるリレーションシップバンキング　担保・保証の役割を中心に」『みずほ総研論集』Ⅲ、2004年、23頁。

図表1-21　米国商業銀行数の変化

(単位：銀行数)

年	増加	減少	年末銀行数
2013	19	251	5869
2012	30	213	6101
2011	25	273	6284
2010	13	307	6532
2009	34	291	6826

（出所）FDIC, "Federal Deposit Insurance Corporation changes in number of institutions FDIC-Insured Commercial Banks". より作成
(https://www2.fdic.gov/hsob/HSOBRpt.asp, Visited at 20141129.)

　米国のコミュニティーバンクおよびファイナンス会社では財務諸表は信頼性が低いため、経営者人物や企業の評判等の「ソフト情報」の収集に重点を置いている。財務諸表の信頼性が低いことから、その信用リスクをカバーするため、UCCファイリングによる動産等の担保、SBAや経営者個人等の保証等を活用している。但し、一部のコミュニティーバンクでは5万ドル以下の小規模貸出に対して機械的にクレジット・スコアリングによる貸出判断をしている[37]。米国の商業銀行の小口融資の特徴は、コストを下げるためにクレジット・スコアリングによる融資を中心に活動している[38]。**図表1-22**の通り、米国商業銀行の大口融資は、財務諸表等の「ハード情報」やCPAの監査証明書やレビューを重視する。

　日本の中小銀行および大手銀行は、金額の多少に関わらず審査内容はほぼ同様である。貸出のリスクが大きい場合、不動産担保、信用保証協会保証や個人保証により信用リスクを補っている。国内の中小銀行は信用リスクをカバーするために担保や保証の充足の他に借手企業の預金残高や経営者預金残高等も含めて信用リスクを補っているようである。

---

37)　野村総合研究所「平成21年度米国中小企業金融政策に関する調査」2010年2月、2010年、33-35頁。
38)　信金中金「リレーションシップバンキング再考―米国の中小企業向け貸付テクノロジー―」『NEWYORK通信』第16-3号、2004年11月、15頁。

図表1-22　中小企業に対する貸出

米国	日本
●コミュニティーバンク・ファイナンス 小口融資：リレーションショップ融資、小口のABL（借手企業の売掛債権に信用力ある場合）	●中小銀行 担保・保証による充足（財務諸表分析）
●商業銀行 小口融資：クレジット・スコアリング 大口融資：財務諸表融資、ABL（財務諸表分析とCPAのレビュー）	●大手銀行 財務諸表融資

（出所）筆者作成

　Udellの分類による融資技術をまとめるとリレーションシップ貸出は、「ソフト情報」（定性データ）による貸出であり、財務諸表融資、クレジットスコアリング、ABLはハード情報（定量データ）によるトランザクション・テクノロジーである。しかし、日本の金融庁によれば、ABLは、モニタリングにより金融機関と企業のコミュニケーション頻度が高まることから、地域密着のリレーションシップ融資の特徴を持つ貸出として取り上げられている[39]。日本のABLは、地域の銀行が中小企業とリレーションシップをとることで担保のモニタリングを強化し、ひいては企業の経営実態をより深く把握することになり、信用リスク管理が強化されていると言われる。ABLは、トランザクション・テクノロジーなのか、リレーションシップ貸出なのか疑問が残る。

　米国のABLは、リスクを反映させたcommitment amount（契約残高）、monitoring requirements（モニタリング要件）、advance rate（担保掛目）、interest rate（金利）等を貸出先に要請しており、これらの融資は、バランスシート上の資産を担保にこれを収益化することにより返済する。適格担保の極度額範囲内の貸出であるリボルビング方式の貸出であり、コントロールと密接なモニタリングが本質的な特徴である[40]。これに対して、日本の金融

---

[39]　日本銀行金融機構局「ABLを活用するためのリスク管理」『日銀レビュー』2012年6月、9頁。

庁では、ABL（動産・売掛金担保融資）は「動産・売掛金等の流動資産を担保とし、担保資産をモニタリングし、融資を行う手法」と簡素に定義している[41]。

ABL は、前述の通り担保の価値に応じた融資を行い、担保自体が換価されることで一次的な返済原資となる。つまり、融資技術としては、流動資産のうち適格担保を評価した融資極度額の範囲内の貸出でなければ、ABL とは言えない。金融庁の定義は、流動資産を担保とした一般の融資も含まれることになり、ABL の定義として十分ではない。

「流動資産を担保として、その担保価値の範囲内で融資をする手法」等の要件の追加の検討が必要となるであろう。金融庁の ABL の定義において融資額を「流動資産の範囲」と入れることができなかった理由の1つには、既に複数取引をしている中小企業は既に流動資産の範囲を超えた貸出をしているため、流動資産の範囲内とすることは現実的に困難であるという結果ではないだろうか。一方、米国の場合、一行取引が主流であるため、日本のような問題は生じ難い。

リレーションシップ貸出は、情報の非対称性の問題を減少させると論じられている[42]。金融庁が日本の ABL をリレーションシップ融資としても位置づけるのは、財務諸表等の「ハード情報」では不十分であり、さらなる「ソフト情報」を必要としていると読み取ることができる。結果として、情報の非対称性が大きいと捉えることができる。

このように、日本の ABL の実態は米国とはやや異なると考えて良いであろう。ABL 本来の機能を求めるのならば、事業収益資産である売掛債権担保や在庫担保の範囲内で貸出するべきである。ABL において「ソフト情報」

---

40) Office of the Comptroller of the Currency, "Asset-Based Lending March 2014", 2014, p.1. (http://www.occ.gov/publications/publications-by-type/comptrollers-handbook/pub-ch-asset-based-lending.pdf.)
41) 金融庁検査局『金融検査マニュアルに関するよくあるご質問（FAQ）別編《ABL 編》』2013年6月4日、27頁。
42) Allen N. Berger, Gregory F. Udell, "Small Business Credit Availability and Relationship Lending: The Importance of Bank Organizational Structure", *Economic Journal*, 2002, p.10.

を求めることは、ハード情報の不足を意味している。現実に存在する担保に依拠するABLに対して不透明な「ソフト情報」は経営に対する警告の機能でしかない。

日本のABLが目指すべきは、米国でいうリレーションシップ貸出ではなく、より正確な月次の報告書やその裏付けとなる証憑の確認であり、正確な「ハード情報」を得るためのモニタリング活動であろう。

9 日米のコベナンツの特徴

日本の一般的な貸出において貸手は借手をモニタリングするために金銭消費貸借契約証書に各種資料の提出の義務付けを規定している。例えば、①月次や数ヶ月ごとに貸借対照表、損益計算書、資金繰り実績表、②取引金融機関の預金および借入残高、③確定申告書、決算書、付属明細書、④財産、経営、業況についての報告書等である[43]。本論文では、これらを通常の貸出における財務遵守条項と捉える。日米のABLでは、これに加えて次のような財務遵守条項を追加することがある。

米国のABLにおける財務遵守条項の指標は、最低純利益額（minimum net income）、最低資産額（minimum book worth）、最低純売上高（minimum net sales）等の数項目に限られた簡単なものが使用されている[44]。

米国のABLの貸手は、多くの場合、借入ベースの証明書と毎週または月単位でサポートドキュメントが必要とする。これらは未回収債権や古い在庫を識別し、適切に貸借対照表に計上されているかどうか判断するのに役立つ。一部の銀行の財務遵守条項は、小売業者等のモニタリングにおいて季節的な要因による損失を被る傾向がある点でその有用性に議論の余地があるとしている[45]。財務遵守条項への過度の期待は好ましくなく、どんな情報を提供するのか、その役割を理解しておく必要がある。

---

43) 中村廉平、藤原総一郎「流動資産一体型融資（アセット・ベースト・レンディング）の検討」『金融法務事情』No.1738、2005年、52-61頁。
44) 髙木新二郎「アセット・ベースト・レンディング普及のために―米国での実態調査を踏まえて」『NBL』851号、2007年2月、2頁。

米国では、公認会計士が監査していないような小企業の財務諸表には信頼性がなく、財務諸表の数字が信頼できなければコベナンツを設定する意味がないため財務遵守条項の対象は中堅以上の企業に限って設定される。財務遵守条項の種類や頻度は、借手の業態や信用リスクに依存すべきであろう。

　日本のABLの財務遵守条項の代表例として、経常利益、純資産額、自己資本比率、棚卸資産回転月数等があり、棚卸資産に関しては「一定水準の担保在庫の維持」等が一般的である[46]。日本で最初にABLを導入した商工中金における財務遵守条項は案件ごとに柔軟に対応している[47]。貸出先企業が財務遵守条項に抵触した場合、通常融資条件の見直しの話し合いがなされ、債務不履行になる事前に貸出先企業の経営の見直しやガバナンスに対する牽制効果が期待されている。

　ABLは売掛債権や在庫を担保とし、その範囲内で貸出をするため一定の残高を財務遵守条項に含めておくことがある。ここでは、その課題の1つとして棚卸資産の例を挙げ、その問題点を示唆する。棚卸資産に低価法を適用する場合の評価は「当該事業年度終了の時における価額」（法人税法施行令281二）、いわゆる時価であり、通常第三者間で取引された場合の価額である。この他、棚卸資産会計基準においては、購買市場の時価および購入に付随する費用を加えた再調達原価とすることができる（棚卸資産会計基準10）。再調達原価は、購入に付随する費用も加えることは企業の継続性の点からは整合性があるが、資産価値のない費用を加える点でABLの担保価値を検討する際には適切ではない。財務諸表が低価法を取る場合の棚卸資産の担保価値を評価には、再調達原価ではなく正味売却価格の方が望ましい。

　しかし、正味売却価格においても課題がある。例えば、畜産業の肉用牛の

---

45)　日本銀行金融機構局「ABLを活用するためのリスク管理」『日銀レビュー』6月号、2012年、14頁。
46)　信金中金「リレーションシップバンキング再考―米国の中小企業向け貸付テクノロジー―」『NEWYORK通信』第16-3号、2004年11月、21頁。
47)　商工中金「流動資産一体型担保融資（アセットベースト・レンディング）第1号案件を実行」、2005年。(http://www.shokochukin.co.jp/newsrelease/nl_abl.html, Visited at 20141129.)。

肥育販売においては約10ヶ月の間に繁殖用に「子牛を出産させ素牛として販売する業態」と素牛を肥育して約30ヶ月で「出荷体重が約700キログラムになると出荷する業態」がある。このケースでは約10ヶ月および30ヶ月の時期には市場性があるが、これ以外の時期は市場性がない。その理由は、購入する際に病気に感染した牛であるリスク、牛が飼育環境変化に対応できず育成しないリスク、出荷時点で品質が異なりブランドが毀損してしまうリスクがあるからと言われる[48]。時期を逸した棚卸資産についての在庫担保評価は、再調達原価も正味売却価格も適当ではないときがあると言えよう。この場合、財務遵守条項のみではなく在庫そのものや市場性についても検討が必要になる。

棚卸資産に対する財務遵守条項は、大きな課題を内包している。財務遵守条項により財務諸表にのみに依拠して業績や担保価値把握する場合、上述のような課題を解決することはできない。貸手はモニタリングを通して、さらに精緻なハード情報を入手し、実体に近い財務諸表を想定しなければならないだろう。財務遵守条項は、担保価値そのものを把握する機能としては不十分であるが、貸出先に早期警戒を促し、取引条件を再検討する点に本来の機能を有するといえる。

10　日本の譲渡禁止特約に関わる課題

ABLの担保については、譲渡禁止特約が課題となっている。まずは、売掛債権にかかわる譲渡禁止特約問題である。売掛債権の譲渡禁止特約により一括決済方式以外の資金調達手段をとることが困難になっている。

従来、大企業とその下請け企業の間では手形決済がなされてきたが、手形の取り扱いが減少するなか、下請企業の資金化システムとして発展してきたのが一括決済方式である。一括決済システムは、手形割引の代替手法として、ファクタリング手法を用いて、下請け企業が大企業に対する売掛債権を

---

48) 谷地向ゆかり「動産・債権担保（ABL）の活用と必要とされる視点—中小企業金融における担保の管理、実行、回収局面からの検討」『信金中金月報』、2008年10月、91-92頁。

ファクタリングの割引により資金化前に資金の提供を受ける仕組みである。

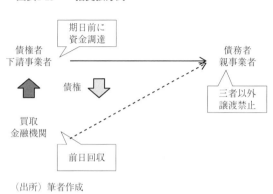

図表1-23　一括支払方式

(出所) 筆者作成

図表1-23は、一括支払方式を図示したものである。下請事業者が受け取る債権は、譲渡制限が付されており、当該債権を第三者に譲渡することができなくなっている。下請事業者は、期日前に資金化したい場合、親事業者が指定する買取金融機関に債権を渡すことで、期日前に資金を調達することができる。

大企業は期日一括で支払総額の引落としが発生し、煩雑な手形振出事務から解放された。下請け企業における支払期日前の資金調達ニーズには、大企業向けの売掛債権をファクタリングや銀行へ譲渡することにより割引後の代金を受けることができる。

現行民法上、債権は原則として自由に譲渡することが認められている。しかし、当事者間の譲渡禁止特約の合意により譲渡を制限することができるとされており（民法466条）、この譲渡禁止特約に違反した債権譲渡の効力は譲渡当事者間においても無効であるとされている。

譲渡禁止特約は、この売掛債権のみならず電子債権の譲渡においても大きな影響を与えている。譲渡禁止特約を付帯できないという理由により、大企業が下請企業向けに電子記録債権による支払を選択しないケースがほとんど

となっている[49]。現在、でんさいネットだけで年間累計取扱残高は、5.6兆円を超えている[50]。

　譲渡禁止特約については、売掛債権や電子記録債権といったABLに特有な担保に影響を与えるものであり、現在行われている民法改正において譲渡禁止特約の動向が注目されている。

11　日本のABL市場の考察

　ABL市場拡大のための1つの考察は、貸手の組織内のノウハウ構築が必要であるとともに専門業者の市場を拡大するための対策が必要であるということである。Williamsonによれば、組織内で実施するときのコストよりも組織外部の業者を活用する方が安ければ組織外部の業者を利用するということである[51]。しかしながら、その前にマーケットに業者を呼び込むには利益が取れる良いマーケットを形成する必要がある。つまり、ABLの市場が収益性の高い市場であるべきということである。これによって、ABLの貸手は、適正な利益をABLの実施によって確保しなければならない。適正な利益を得るためには金利はもとより借手からの債権回収、すなわち担保からの回収を確実に行う必要がある。

　都市銀行の実施例で述べた通り、企業が民事再生等事業継続の意向を持ち、さらに借手との適切なコミュニケーションをもってABLを実施した場合には100％債権回収となっていた。ここから読み取れるのは、ABLの債権回収には、借手の事業継続志向と借手との適切なコミュニケーションが重要性であるということである。ここでいうコミュニケーションとは、詐害的な意思を持っていないことや貸手と協調体制を志向していることが重要である。強い事業継続意思を持った企業へのABLの実施又は貸手と協調体制を

---

[49]　田中丸修一『日本経済大学特別講義　中小企業の資金調達環境と金融円滑化施策―中小企業の事業活性化へ向けて―』2015年6月2日講義。
[50]　でんさいネット『でんさいネット請求等取扱高』。(https://www.densai.net/stat,Visited at 20151025.)
[51]　Williamson, O.E. 著　浅沼萬理、岩崎晃訳『市場と企業組織』日本評論社、1980年、52頁。

志向する前提でのコミュニケーションが取れる企業へのABLの実施が債権回収を成功させるのである。

　ABLの専門業者の市場が成長していないことが、経済産業省の調査で明確となったが、これは、ABLの拡大に対する短期的なネックとなっている。Williamsonによれば、組織内の取引コストが低ければ組織内で専門分野を設けるであろうし、社外の取引コストが低ければ社外に外注することになる。現段階で日本の貸手は担保評価、処分及びモニタリングの機能を組織内に設けるべきか社外に外注するべきか合理的な判断ができずにいる。ABL専門業者を育成することは、ABLの発展にプラス面で寄与するものである。組織内でABL部門を育成していく方法が良いか、あるいは社外に外注すべきか、という問題に関しては残された課題である。

　2つ目の考察は、担保について適切な評価と処分する市場が不十分であるということである。担保の評価と処分市場については、貸手の組織外の課題であり、最終的には1つ目の結論でも述べた結論と同様に専門業者の市場を充実させることである。そのためには、ABLによって貸手が適正な利益を得て、組織の外部市場に業務の一部を外注することが必要となる。

　ABLの貸手の収益性が高ければ、市場参加者が増加することが容易に予想できる。適切な利益は、ABLの金利収入のみならず、借手からの債権回収が十分にできることが条件となる。ABL専門業者に関わる課題としては、前述の他に信用調査会社やソフトウエアによるシステム管理手法が米国に比して未成熟であることが挙げられる。慣習面では、日本には、米国のようなロックボックスの仕組みがない。日本の慣習に合った別の方法を考えなければならず、債権回収の方法については更なる検討が必要である。

第 2 章
米国の担保制度の特徴

第 1 節　米国の担保制度の概要

1　UCC について

UCC（Uniform Commercial Code；米国統一商法典；以下 UCC とする）は、1951年に完成し、その後、幾度も改正がなされ、連邦法ではないものの全米の州で採用されている。UCC を概観すると第1編は総則、第2編から第9編までが本編であり、第10編と第11編が経過規定である。担保取引については第9編に記載されている。

第9編の構成は、第1章：総則、第2章：担保契約、第3章：パーフェクションおよび優先順位、第4章：第三者の権利、第5章：ファイリング（Filing）、第6章：債務不履行と担保権の強制、第7章：経過規定となっている。

担保制度として、特徴的なのは UCC 第9編第1章に規定されるプロシーズと呼ばれる担保物の代替物である。代替物は、債権、金銭、商品（Goods）等いずれに姿を変えても代替物として担保権がおよぶ。同じく第1章に規定されるコントロールとは、いくつかの担保について担保権者が第三債務者と契約することで支配権がおよぶものである。第三者対抗要件の具備については、パーフェクション（perfection）と呼ばれる貸出証書（Financing statement）のファイリング（Filling）という登記が原則となっている。貸出証書は、簡便な記述のみ記載し、それをファイリングすることで第三者へ公示する。第三者は詳細について債務者に確認をすれば良いという仕組である。

一般的にUCCは、債権を優先的に取得できる順位として、第1順位がパーフェクションを備えた担保権者、第2順位が一般担保権者、第三順位が一般債権者となっている。制定法上のリーエン（先取特権）、司法上のリーエン（留置権等）[1]は一般担保と同列である。同列の権利者の間では、日時がはやいものが優先される。なお、この原則に対してUCC9編は、さまざまな例外においても規定されている。

2　第三者対抗要件

ABLの担保である在庫や売掛債権に対して債務者対抗要件と第三者対抗要件は次のように設定される。UCCの規定では、担保契約（Security agreement）が必要である。なんらかの記録が必要であり、担保物の説明と意思表示が必要である（田島32）。その上で他者に優先権を取得するためパーフェクションが必要となる。このパーフェクションは第三者対抗要件の具備に近い意味を有する[2]。

対抗要件は設定すれば、自動的に具備する場合がある。例えば消費財購入代金担保である（UCC9-302(1)(d)）ものの一般原則として、別段のことが規定される場合を除き、担保権の対抗要件の具備には、原則、ファイナンシング・ステートメントのファイリングが必要である（UCC9-310(a)）。その他に占有によるパーフェクション（UCC9-313）、コントロールによるパーフェクション（UCC9-310(b)(8)）（第三債務者との契約等）、自動的に具備による方法がある。

ファイリングは、次の3つの事項を記載し、所轄の公的機関、たとえば債務者所在の州の州務長官事務所にファイリングする[3]に登録することが求め

---

[1]　リーエン lien は、法定の場合、先取特権に相当すると解することができるが、それ以外に、裁判所の決定による留置権や担保権、さらに約定と法定の担保を含む広い概念を有する担保と捉えることができる概念である。なお、約定担保に限定して説明する場合には security interests が用いられる。

[2]　田島裕『UCCコンメンタリーズ第3巻』レクシスネクシス・ジャパン、2009年、54頁。

[3]　ジェフ・フェリエル、エドワード・J・ジャンガー『アメリカ倒産法上巻』レクシスネクシス・ジャパン、2011年、58頁。

られる。まず、ファイナンシング・ステートメントを登録する。なお、ファイナンシング・ステートメントには、形式要件として次の３つの事項を記載すればよい。a.債務者と担保権者の名前と住所、b.債務者の署名、c.担保物の表示である。

　ファイナンシング・ステートメントの登録により対抗要件を具備する時期は、担保権が成立し、かつ対抗力を具備するために必要とされる一切の措置がとられたときである。同一の担保財産に対抗力を具備した担保権が競合するときの優劣は、ファイリングによる対抗力を具備している場合には最初にファイリングした担保が優先する。担保権成立前にファイリングされている場合には、その後に対抗力を具備した別の担保権が成立したとしても、担保権成立前のファイリングに対抗力が具備されることで他方の担保権に優先する[4]。

　次に、ファイリング以外の第三者対抗要件の具備は、占有または引渡である（UCC9-313(a)）。但し、占有や引渡によるものは担保権としてはあまり利用されていない[5]。

　そして、コントロールである。これは、投資財産（UCC9-106）、預金口座（UCC9-104）、信用状の権利（UCC9-107）、または電子的動産証書（UCC9-105）に対する担保権である（UCC9-310(b)(8)）（UCC9-314）。例えば、預金口座のコントロールについてUCCには次の通り規定されている。債権者は債務者及び銀行と契約し、銀行が債務者から口座の資金処分について指示を受けた場合、債務者の許可を必要とせずにそれに従う旨の契約を債務者及び銀行と契約することにより、コントロールを取得できる（UCC9-104(a)(2)）。

　この他に一定の法律、規則または条約に従う財産権の第三者対抗要件がある（UCC9-311）。例えば、自動車等登録システムがある場合等所有権の権原

---

[4]　伊藤進『担保制度論』信山社、2005年、329頁。
[5]　ジェフ・フェリエル、エドワード・J・ジャンガー『アメリカ倒産法上巻』レクシスネクシス・ジャパン、2011、57頁。

登録証書には特定の法令が適応される。

3　プロシーズ

　プロシーズ（Proceeds）は、担保目的物の代替物である（UCC9-102(a) 64）。同規定には、次のように定義されている。(A) 担保目的物の売買、賃貸、使用許諾、交換、その他の処分によって得られたもの。(B) 担保目的物の取立によって得られたもの。担保目的物の配当。(C) 担保目的物から生じる権利。(D) 担保目的物の滅失、使用不能から生じる請求権、担保目的物上の権利の瑕疵・無効により生じる請求権、担保目的物の損害から生じる請求権。(E) 担保目的物の滅失・毀損等から生じる保険金である。なお、具体例としては、(A) 売買代金や売掛金、(B) 株式等投資商品の配当金、(D) 担保目的物が不法行為によって滅失した場合の損害賠償請求権、(E) 担保物が事故等により滅失した場合の保険金である。プロシーズは、日本の物上代位とは異なり、債権だけでなく金銭もプロシーズでは対象となる。このように、プロシーズは、担保物を処分した後の債権、金銭、代替物についても担保権の効力を包括的に認めている。

4　連邦倒産法チャプター11における担保

　米国合衆国法典（United States Code）の11編 Title11 の倒産法（Bankruptcy）は、1800年に制定された。その後、改廃を繰り返し1898年に制定された法に大改正を加え1978年に制定、翌1979年に施行となり、その後も改正がなされ現行の倒産法へと形作られてくる。倒産法はチャプター1、3、5、7、9、11、12、13、15からなる。チャプター1 General provisions、3 Case administration、5 Creditors, The debtor, and the estate は総則規定であり、チャプター7 Liquidation は清算手続、チャプター9 Adjustment of debts of a municipality は地方自治体の債務整理手続、チャプター11 Reorganization が再建手続、チャプター12 Adjustment of debts of family farm or fisherman with regular annual income が定期的年収のある

家族的農業者の債務整理手続、チャプター13 Adjustment of debts of individual with regular income が定期的収入のある個人の債務整理手続き、チャプター15 Ancillary and other cross-border cases は、国際倒産手続について規定している。

　チャプター11の申立がなされると、オートマティック・ステイ（Automatic stay）により、申立前の債権については債権者による債権回収行為、担保権者による担保権実行が禁止される。その他のオートマティック・ステイの効果として、債務者に対する訴訟、強制執行、担保設定行為、相殺等の回収行為一般が禁止される。例えば、オートマティック・ステイでは、借入のある銀行預金においても相殺はされず、預金は凍結されて貸付債権の現金担保となる。

　オートマティック・ステイによる制約に対して債権者は「財産に対する権利が適切な保護を受けていないとき等、相当な理由があるとき」に救済の申立（Relief from the stay）が認められる（C11-362(d)(1)）。救済手段としては、オートマティック・ステイの解除、取消、修正、条件の付与等である。適切な保護（Adequate protection）を受けていないとき、その保護の方法として、現金での支払いや分割での現金の支払い（C11-361(1)）、追加または代替的な担保権の提供（C11-361(2)）などがある。適切な保護がなされているとするためには、再建計画の弁済における利息部分を担保債権額に加えるか、現金で支払う必要がある。そして、担保物の価値が被担保債権額を上回っている場合には、適切な保護にあるといえる[6]。

　チャプター11が日本における会社更生手続や民事再生手続と異なる点として、このオートマティック・ステイの他、申立要件として会社が破綻状態にあることを要求していないことが挙げられる。申立要件が破綻状態を要求していないことから、企業は破綻リスクがある場合にそれを予め処理するため、将来の訴訟リスクを逃れるため、あるいは、労使紛争解決の手段として

---

[6] 堀内秀晃、森倫洋、宮崎信太郎、柳田一宏『アメリカ事業再生の実務』金融財政事情研究会、2011年、80頁。

チャプター11を利用することがある[7]。

---

7) 前掲、堀内秀晃、森倫洋、宮崎信太郎、柳田一宏『アメリカ事業再生の実務』、59頁。

第3章
日本のABLに関わる担保制度の特徴

第1節　担保制度の概要

　日米の担保にはいくつかの点で違いがある。我が国の動産債権譲渡に関わる担保制度は多数説、判例ともに集合動産、動産、債権のそれぞれに対して小刻みに対応している。成文法を基本とした法体系であるため、成文化されていない範囲に対して理論を適用させるための法技術が複雑かつ不透明なものとなっており、今後の判例の蓄積を待たざるを得ない。このような法制度のもとにおいて担保権者に対してリスクを強いる結果となっており、担保権者が動産債権譲渡担保を取り組みに躊躇してしまう構造となっている。一概にいえないが、UCCによって集合動産、動産、債権等を包括的に扱う担保制度を用いる米国の担保制度は単純でありながら合理的なものに見える。ABLの普及が進んだ理由の1つにこの担保制度の合理性にあるのではないだろうか。

1　典型担保と非典型担保
　民法に規定されている担保物権は、法定担保物権の留置権と先取特権、約定担保物権の質権と抵当権の4つであり、典型担保と呼ばれる。留置権は、他人の物の占有者が、その物による債権を有するときは、その債権の弁済を受けるまで、その物を留置することができる（民法295条前段）。たとえば、自動車修理代金の支払を受けるまで、自動車を留置することが挙げられる。先取特権は、その債務者の財産について、他の債権者に先立って自己の債権の弁済を受ける権利を有するものである（民法303条）。たとえば、雇用者の

給与の先取特権がある（民法306条2号）。

図表3-1　典型担保・質権

（出所）筆者作成

図表3-1は、典型担保の1つである質権を図示したものである。債権者は担保目的物の引渡を受け、設定者が弁済期になっても債務を弁済しない場合、担保権者に所有権が移転すると解される。

質権は、債権の担保として債務者又は第三者から受け取った物を占有し、その物について他の債権者に先立って自己の債権の弁済を受ける権利を有する（民法342条）。債権の弁済がなされない場合、目的物の換価により弁済を受けることができる。動産質（民法352条）、不動産質（民法356条）、権利質（民法362条）がある。

抵当権は、不動産を対象として、債務者や物上保証人が不動産の占有を留めたまま、他の債権者に優先して自己の債権の弁済を受ける権利である（民法369条）。抵当権は、所有権を債務者や物上保証人に帰属したまま、債権者が担保権を取得する形をとる担保権である。

非典型担保は、民法に規定のない担保であり、もともと特別法が用意していない不動産や動産を目的物とする非占有担保として用いられてきた。その代表的なものとして、譲渡担保、所有権留保、仮登記担保（昭和58年法78号「仮登記担保契約に関する法律」、以下仮登記担保法とする）がある。

譲渡担保は、債権担保の目的でなされる物または権利の譲渡である。所有権留保は、代金後払いの売買契約における売買目的物を弁済完了までの間に担保とするものである。仮登記担保は、物または権利でなされる代物弁済予

約や停止条件付代物弁済契約である。

2　非典型担保

譲渡担保は債権を担保する目的で債務者または第三者の所有動産や債権等を債権者に予め譲渡し、債務が弁済されれば権利は譲渡担保設定者に戻るが、弁済できなければ担保権者に帰属させるものである。**図表3-2**は、非典型担保の１つ譲渡担保を図示したものである。占有改定による引渡がある場合、設定者は使用権を有し、担保権者は物権を有する。

図表3-2　非典型担保・譲渡担保

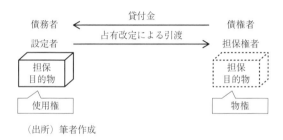

（出所）筆者作成

譲渡担保は、目的物の所有権を債権者に帰属させる形式をとって債権を担保する方法がとられる。（譲渡担保は、目的物の所有権を債権者に移転する形式をとって債権の担保を図る）[1]。

所有権留保は目的物の先渡しの売買において売主が買主との間で代金の弁済を確保するために弁済が完了するまで所有権を売主に留保する特約を付したものである。

仮登記担保は、金銭債務を担保するため、債務者の債務不履行の場合に債務者または第三者の所有不動産の所有権を債権者に移転する旨、代物弁済予約等による所有権の仮登記で公示する形式の担保権である（仮登記担保法１

---

1)　田高寛貴、白石大、鳥山泰志『担保物権法』日本評論社、2015年、130頁。
　　道垣内弘人『担保物権法第３版（現代民法Ⅲ）』有斐閣、2008年、295頁。

条)。仮登記担保の実行は、基本的に私的実行である。過去には、裁判所での競売手続を回避し、被担保債権額を超える価値をもつ不動産を代物弁済として丸取りする目的にも利用されていたが、判例により清算義務が課され、仮登記担保法において手続が明文化された[2]。仮登記担保の清算において競売申し立てがなされていた場合には、仮登記担保権者は本登記請求ができず、競売手続の中で配当要求しか認められていない。

民法上、動産に設定できる約定担保は質権のみである。質権を設定すると、その公示手段は占有によるため、質権設定者は動産を利用することができなくなるため担保として利用することが難しい。非占有担保として抵当権を設定するために、建設機械抵当法、自動車抵当法、航空機抵当法、農業動産信用法、商法848条の船舶抵当法がある。

3 譲渡担保

譲渡担保は債務者または第三者の所有動産や債権等を債権者に予め譲渡し、債務者が債務弁済できないときは担保を担保権者に帰属させるものである。譲渡担保の法的構成について学説は、「所有権的構成」と「担保権的構成」をはじめとしていくつかに分かれている。

譲渡担保では、債務者が何ら物権をもたず、債権者が担保物件よりも大きな権利の所有権をもつ状態になる。例えば、譲渡担保設定契約では、債務者が期日までに債務を弁済した場合、債務者に目的物の所有権をもどさなければならない。仮に譲渡担保権者が弁済期到来前に目的物を第三者に譲渡してしまったら、所有権をもたない担保権設定者は譲受人に対して権利主張できず、担保権設定者が譲渡担保権者に債務不履行責任を問いうるのみとなる。そこで、譲渡担保の法的構成については、譲渡担保が債権担保を目的としているにすぎないことを重視し、譲渡担保権者のもつ権利を所有権とする「所有権的構成」ではなく、担保権設定者にも目的物について何らかの物権が帰

---

2) 安永正昭『講義 物権・担保物権法第2版』有斐閣、2014年、234頁。

属していると解し、担保権者には担保権の範囲で物権的権利を認める「担保的構成」が通説となっている[3]。

　譲渡担保の清算における特徴は、私的担保権の実行が可能な点である。例えば、不動産の抵当権の場合、時間も費用もかかる裁判所の下に競売による清算や後順位担保権者との同意を得た上での任意売却となるが、所有権留保等の譲渡担保の場合は、担保権者自ら担保目的物の所有権を取得し、第三者への売却を行う私的実行が可能である。

4　動産譲渡担保

　動産譲渡担保は、第三者対抗要件（民法178条）の引渡として占有改定（民法183条）の方法がとられる。実務的には、第三者への即時取得を回避することを狙い、ネームプレートを付すること等により明認させることが行われている。設定者が法人である場合には、公示機能のある動産譲渡登記ファイルに登記し、第三者対抗要件の具備をすることができる（動産債権譲渡特例法3条1項）。

　動産譲渡担保権の実行手続については、債務者が債務不履行に陥ると譲渡担保権を実行できる[4]。動産譲渡担保権実行は、担保権者が目的物を換価処分し、得られた代金の余剰金を債務者に返還する換価による処分清算方式[5]、または、目的物の評価額と被担保債権との差額を清算金として、清算金との引換に目的物を担保権者に引き渡す帰属清算方式がとられる[6]。

　判例は2つの清算方式をいずれも選択可能なものとする方向を示している（最判昭和46年3月25日民集25巻2号208頁、最判平成6年2月22日民集48巻2号414頁）。なお、仮登記担保法では帰属清算方式をとっていることに加

---

[3]　前掲、田髙寛貴、白石大、鳥山泰志『担保物権法』、129頁。
　　前掲、道垣内弘人『担保物権法第3版（現代民法Ⅲ）』、299頁。
[4]　前掲、安永正昭『講義　物権・担保物権法第2版』有斐閣、2014年、429頁。
[5]　山口明「動産譲渡担保権の円滑な実行に関する一試論」清水元、橋本恭宏、山田創一編『平井一雄先生喜寿記念財産法の新動向』信山社、2012年、211頁。
[6]　河上正二『担保物権法講義』日本評論社、2015年、315頁。

え、設定者保護に資することを理由として帰属清算方式をとるべきという説もある[7]。

帰属清算方式については、3つの点で課題が残る。1つ目は、適正な評価が困難であること。2つ目は、目的物の所有権の移転に時間がかかり過ぎる点である。仮登記担保法の実行における所有権の移転については、債務者に対して清算金の見積価額と被担保債権額の通知が債務者のもとに到達した後2ヶ月の清算期間が経過してから所有権移転の効果生じる[8]。この方式をとれば、ABLの動産が生鮮品やアパレル等の季節商品への影響や会社の風評が動産にも及ぶため、動産の急速な陳腐化は避けられないことがある。むしろ、早期に売却することで評価額を極端に下落させない可能性が考えられる。よって、換価価値を高めるための方法、または、陳腐化を防ぐため早期の処分が必要な場合等があり、帰属清算が設定者に保護の観点から良いとは一概にはいえないであろう。3つ目は、担保権者が目的物を必要としているのではなく、その換価により満足を得るという点である。つまり、目的物の所有権が移ってから換価するまでにさらに時間がかかってしまうという難がある点である。

一方、処分清算方式においても課題が残る。譲渡担保権者が処分するために、先に目的不動産の引渡を受けていることが必要である。しかし判例は、清算金が支払われる以前に、第三者からの目的物の引渡請求を受けた設定者は、清算金債権を被担保債権として、目的物について留置権を行使しうるとしている（最判平成9年4月11日最判民集183号241頁、最判平成11年2月26日判時1671号67頁）[9]。

動産の売買においては、代金決済と引渡が同時に行われるため、設定者から目的物の引渡を前もって受ける必要性がある。設定者の留置権の主張は、円滑な売買に支障が生じるおそれがある。事前に設定者から譲渡担保契約に

---

7) 前掲、田高寛貴、白石大、鳥山泰志『担保物権法』、138頁。
8) 前掲、田高寛貴、白石大、鳥山泰志『担保物権法』、147頁。
9) 前掲、道垣内弘人『担保物権法第3版（現代民法Ⅲ）』、322頁。

おける留置権放棄と目的物の引渡請求権を清算金支払請求権よりも先履行する特約の締結が望まれる[10]。あるいは、清算金の額が目的物引渡請求訴訟において裁判所で決定されることから、債権者が予め余剰金を準備する等の技術的な解決策を用意する必要があるだろう。

担保物の引渡を債務者から受ける過程において債務者の同意がある場合とない場合がある。債務者の同意があれば、目的物の引渡を受け、換価清算方式または評価清算方式により担保権者は満足を得ることができる。債権者の同意が得られない場合は、自力救済禁止の原則から法的な手続を必要とすると考えられる。動産引渡の強制執行には債務者名義が必要であり、本案判決を取得するまで長期間かかり、担保物の劣化、隠匿、滅失のおそれがある。

債務者が担保物の引渡に応じない場合、強制執行以外の動産譲渡担保権の代替実行方法として、倉庫業者等第三者が管理する保管場所での保管や動産競売の活用等があげられている[11]。しかし、通常の営業の範囲での処分と通常の営業の範囲を超えた処分について第三者は取得するか否か。どこまで担保権が及ぶかについての議論がある（最判平成18年7月20日民集60巻6号2499頁、最決平成22年12月2日民集64巻8号1990頁）。

5　集合動産譲渡担保

在庫の構成内容が日々変動する場合、変動に応じて個々の動産に譲渡担保の設定と解除を繰り返すことは実務上困難なことがある。このような不都合を回避するために集合物という概念がある。集合物とは、倉庫内の在庫品のように構成物が随時変動していくものを指す。そこで流動集合動産と呼ぶことがある[12]。集合物とは、「一定の目的の下に集められた数個の物の集団で

---

10) 山口明『ABLの法律実務―実務対応のガイドブック』日本評論社、2011年、7頁。
11) 前掲、山口明「動産譲渡担保権の円滑な実行に関する一試論」清水元、橋本恭宏、山田創一編『平井一雄先生喜寿記念財産法の新動向』、209-211頁。
　　前掲、山口明『ABLの法律実務―実務対応のガイドブック』、43頁。
12) 河上正二『担保物権法講義』日本評論社、2015年、364頁。
　　前掲、安永正昭『講義　物権・担保物権法第2版』、413頁。

あって、その各個の物が独自の存在性と取引価値を失うことなく、しかも集団自体も一個の統一財産として特有単一の経済価値を有し、取引上一体として取り扱われているもの」をいう（最判昭和54年2月15日民集33巻1号51頁）。

判例・多数説は、動産の集合体それ自体に着目し、その構成動産は流動するが一個の統一体として同一性をもって存続しており、一個の集合物として対象とするという理論構成をとり、これを集合物論という。判例では「構成部分の変動する集合動産についても、その種類、所在場所および量的範囲を指定するなどなんらかの方法で目的物の範囲が特定される場合には、一個の集合物として譲渡担保の目的となりうる」としている（最判昭和54年2月15日民集33巻1号51頁、最判62年11月10日民集41巻8号1559頁）。つまり、在庫担保の目的物としての法律構成としては集合物が用いられており、判例は集合物を特定一物として目的物の種類、保管場所、量の3つの要素を中核とする基準によって特定すると解される。

なお、日本の判例では集合動産は集合財として法律上特定一物として構成されているが、集合債権は個別に特定されている。しかし、学説には集合動産に対しても集合物の固定化の概念は不要であるとする有力説が主張されている[13]。

図表3-3　集合動産譲渡担保

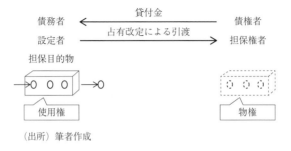

（出所）筆者作成

図表3-3 集合動産譲渡担保は、集合動産譲渡担保を図示したものである。担保権者は占有改定によって物権を有すると解される。流動している在庫等の動産に対して設定者は使用権を有している。集合動産譲渡担保では、集合物が流動するため、担保権者が物権を行使するときには、物権の範囲を特定する必要がある。

判例は、「倉庫業者に寄託中の乾燥ネギ44トンのうちの28トン」という特定性を分離・特定できないという点から否定している（最判昭和54年2月15日民集33巻1号51頁）。このほか、酒・食品販売業者である債務者の各建物内に納置する商品、運搬具、什器、備品、家財一切を目的とした譲渡担保の設定に対し、「家財一切の物件が、これに該当するか識別が困難であり、特定できると考えられない上、所有者のものとそれ以外のものを明確に識別する指標がなく措置もなされていないことから客観的な特定を欠く」という趣旨の判示がなされた（最判昭和57年10月14日判時1060号78頁）。

第三者対抗要件は、個別動産と同様に譲渡担保権設定契約時に集合物の占有改定による引渡があり、譲渡担保権者が間接占有を取得することで対抗要件が具備され、集合物の同一性が維持される限り、新たにその構成部分となった動産にもおよぶ（最判62年11月10日民集41巻8号1559頁）。これに対して、占有改定による引渡は、当事者の合意のみで集合物に担保設定されていることを外部から認識するのは困難であるにもかかわらず大量の集合動産を一挙に第三者対抗要件を取得できることに批判もある[14]。

法人が譲渡担保設定者である場合には、「動産及び債権の譲渡の対抗要件に関する民法の特例等に関する法律」（以下、動産債権譲渡特例法とする）3条1項による動産譲渡登記による第三者対抗要件の具備が可能である。

図表3-4は、動産債権譲渡特例法における集合動産譲渡担保を図示したものである。動産債権譲渡特例法による登記を実施した場合、担保権者に担保物の引渡があったとみなされ、第三者に対しても公示機能が備わる。

---

13) 前掲、山口明（2011年）『ABLの法律実務―実務対応のガイドブック』、33頁。
14) 前掲、安永正昭『講義 物権・担保物権法第2版』、418頁。

図表3-4 動産債権譲渡特例法（集合動産譲渡担保）

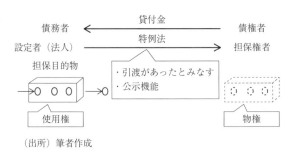

（出所）筆者作成

　なお、判例は、範囲が重なる集合動産に重複した譲渡担保設定を認めている（最判平成18年7月20日民集60巻6号2499頁420）。同判例により、集合動産担保に重複した譲渡担保設定がなされた場合、後順位の譲渡担保権者は、私的実行による動産の引渡請求は認められないと解される。

　集合動産譲渡担保権の実行は、債務者の同意があるときは私的実行であり、動産譲渡担保の実行に準ずる。債務者に債務不履行があると譲渡担保権者は債務者に実行通知をなし、対象となる集合物の範囲にある個別動産を帰属清算方式または換価処分方式のいずれかの方法で清算し、換価代金で債権回収に充てる。

　債務者が目的物の任意の引渡に応じないときには、法的な手続による目的物の占有保全を行うことになる。保全手続きは、概ね次の通りである。裁判所に対する保全命令の申立て、供託所への供託、保全命令の発令、執行方法と執行日について打ち合わせ、占有移転禁止の仮処分または断行の仮処分の執行である。

6　ABLにおける動産担保

　動産担保の法的構成は典型担保の質権設定（民法342条以下および352条以下）を設定する方法の他に非典型担保である動産譲渡担保を設定する方法がある。質権は担保権者に占有を移転する必要がある。

動産譲渡担保の目的物は個々の動産とする場合と米や砂糖等の１つずつを担保とすることが物理的に困難なものを集合物として捉える集合動産とする場合がある。集合物を担保の目的物とすることを許容することについて通説および判例は許容している（最判昭和54年２月15日民集33巻１号21頁、最判昭和62年11月10日民集41巻８号1559頁）。なお、通説および判例は、集合物の観念に、集合物と個々の動産の両方を担保目的物とすることについて許容している。

　担保権のおよぶ範囲について、判例は、構成部分の変動する集合動産を目的とする譲渡担保において、「譲渡担保設定者には、その通常の営業の範囲内で、譲渡担保の目的を構成する動産を処分する権限が付与されており、この権限内でされた処分の相手方は、当該動産について、譲渡担保の拘束を受けることなく確定的に所有権を取得することができる」と判示しており（最判平成18年７月20日民集60巻６号2499頁）、設定者が通常の営業の範囲における取引であれば、譲渡担保権者の担保権が及ばない旨、示している。すなわち、期限の利益の喪失事由等の契約上の根拠による通常の範囲外とならなければ、担保権の実行は許容されないと解することができる。

　集合動産は、所在場所を指標の１つとして特定することが通常であり、所在場所から搬出されると集合動産譲渡担保権がおよばなくなる可能性があり、個別動産は場所の移動に拘らず譲渡担保権の効力は存続する[15]。

　担保目的物の特定方法は、集合動産の場合、種類、所在場所および量的範囲により特定される場合と判示されている（最判昭和62年11月10日民集41巻８号1599頁）。この特定については、前述の通り個別の事案によって、特定性が認められる場合と認められない場合があり、担保権の設定に法的な技術や在庫等管理の技術が必要とされる部分である。

　集合動産担保は搬入や搬出が続くものであるが、流動性があるままで担保権の実行はできないため、集合動産を構成する個別動産の範囲を一定時点で

15）青山大樹編著『詳細　シンジケートローンの法務』きんざい、2015年、377頁。

確定させ、その後の流動性を失わせる固定化という技術を用いる。この固定化を必要とする学説と処分権限の喪失によって説明すれば足りるとし、固定化を不要とする学説とがある[16]。

　集合動産の固定化の時期は、実行の意思表示が債務者に到達した時を基準とすべきとされる。固定化事由は、譲渡担保権設定契約の特約によって定めることができる。たとえば、債務の一部または全部を履行しないとき、差押・仮差押・競売・租税滞納処分・破産・民事再生・会社更生その他の法的倒産手続の申立があったとき、監督官庁より営業停止または営業免許もしくは営業登録の取消処分を受けたとき、資本減少・営業の廃止もしくは変更または解散の決議をしたとき、あるいは清算または整理の手続きに入ったときと定めていることがある[17]。

7　債権譲渡

　物権が「ある人が、ある物に対する直接の支配（使用、収益、処分等）」とすると、債権は法律上の「ある人に対して一定の行為をさせる」権利であるといえる[18]。人はさまざまな債権債務は当事者間で作出し、原則、当事者で有効となるものであることから、第三者への影響は原則、想定する必要はなかったといえよう。しかしながら、債権の譲渡性は信用創造をはじめとして、財産的価値を飛躍的に増大させることが可能であり、経済的に着目される分野である。

　図表3-5は、民法467条１項による債権譲渡を図示したものである。法文には、「指名債権の譲渡は、譲渡人が債務者に通知をし、又は債務者が承諾をしなければ、債務者その他の第三者に対抗することができない。」とあり、譲渡人が債務者に通知または、債務者が承諾した場合、債務者や第三者に対して対抗要件を得るとしている。

---

16)　森田宏樹「集合物の『固定化』概念は必要か」金融・商事判例1283号、2008年２月、1頁。
17)　植垣勝裕、小川秀樹『一問一答　動産・債権譲渡特例法三訂版増補』商事法務、2010年、85頁。
18)　池田真朗『新標準講義民法債権総論第２版』慶應義塾大学出版会、2013年、7-8頁。

図表3-5　民法467条１項

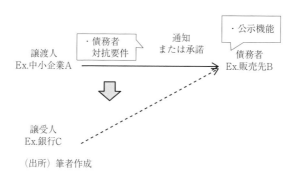

(出所) 筆者作成

　図表3-6は、民法467条２項による指名債権譲渡を図示したものである。法文では「前項の通知又は承諾は、確定日付のある証書によってしなければ、債務者以外の第三者に対抗することができない。」とする。譲渡人が確定日付のある証書による通知または承諾を得なければ、第三者の譲受人に対抗できないとしている。確定日付のある証書がなければ、債務者対抗要件のみ備えることになる。

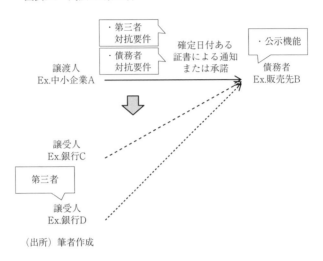

図表3-6　民法467条 2 項

（出所）筆者作成

　債権の譲渡人と譲受人の当事者間では合意のみで権利が移転するが、第三者に主張・対抗するためには法で定めた手続である対抗要件を必要とする。債権譲渡における第三者への対抗要件は確定日付による債務者への通知または承諾である（民法467条 2 項）。民法における債権譲渡については、譲渡人に公示機能を持たせる点において課題が残っている。
　不動産の譲渡の場合、登記が対抗要件であり、登記に公示の機能があるが、債権においては債務者に公示の機能を期待せざるを得ないことになる。しかし、債務者には公示の義務はなく、公示機能としては不完全であるといえる。そして、同一の債権について譲渡人が複数の譲受人に債権譲渡した場合、その優劣を確定日付の証書による通知の先後で決するための手段として確定日付のある証書による。なお、債務者への対抗要件には確定日付による証書である必要はないと解することができる（民法467条 1 項）[19]。

19）　前掲、池田真朗『新標準講義民法債権総論第 2 版』、138-139頁。

8　特例法による債権譲渡登記

　債権を担保とした企業の資金調達を目的として、企業の保有する債権の流動化をはかる際に課題となっていたことは、債務者への確定日付の証書による通知または承諾であった。多数の債権を一括して譲渡する債権の流動化において、個々の債務者に通知・承諾の手続をとることが実務上困難であるという問題があった。加えて、債権譲渡は取引先が譲渡する企業の信用を疑い、信用不安の風評がたつという問題であった。

　債権譲渡の第三者対抗要件は、債務者への通知または承諾であり、債務者が通知を受けることにより取引先の信用不安を懸念し、その風評により被害を受けかねないという商習慣上の問題である。これにより、債権譲渡の円滑化のために「債権譲渡の対抗要件に関する民法の特例等に関する法律（平成10年法律第104号）」が制定された。

　しかし、動産においては、動産の譲渡の対抗要件である占有改定（民法183条）の具備は、当事者間で行われるに過ぎず、外形的にはその存在が判然としないことが課題であった。たとえば、先の譲渡担保の設定を受けた譲受者は、後から譲渡担保の設定を受けた譲受者が目的動産の現実の引渡を受けて即時取得（民法192条）することによって目的動産の権利を失ってしまうおそれがある。一方、後から譲渡担保の設定を受けた譲受者は、先に譲渡担保の設定を受けた金融機関が占有改定により対抗要件を具備しているため、これに優先されてしまうことになるという問題があった。さらに改正前の債権譲渡登記制度においては、「譲渡にかかる債権の債務者」が必要登記事項とされていたため、債務者が特定していない将来債権を登記できないという問題もあった。これらの動産の譲渡における課題と将来債権の譲渡に関わる課題を解決するため動産債権譲渡特例法に改正された。

　図表3-7は、動産債権譲渡特例法登記による債権譲渡を図示している。民法の467条1項および2項と比べると、①公示機能が債務者ではなく登記になる点、②登記の確定日付効果によって第三者対抗要件が具備される点、③債務者対抗要件において、民法では譲渡人からの通知または承諾だが、動産

債権譲渡特例法では譲渡人または譲受人いずれの通知または承諾でも可となった。

図表3-7 動産債権譲渡特例法による債権譲渡

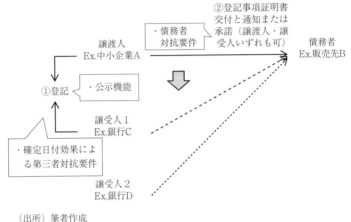

（出所）筆者作成

9 集合債権譲渡担保

集合債権譲渡担保は、次のような特徴を持つ。1つ目は、現在保有する債権および将来保有する債権を譲渡担保の対象とする。2つ目は、通常の営業の範囲では、目的債権に対して設定者に回収権限があり、その回収金の使用が許諾されていること。2つ目は、目的債権は、継続的に発生する性質を有していることである。

判例・通説は譲渡担保契約時に将来発生する債権を確定的に譲渡することを認めていることから集合物論を用いる必要がないとしている（最判平19年2月15日民集61巻1号243頁）[20]。

集合債権譲渡担保の実行は、債権譲渡登記による第三者対抗要件を具備し

---

20) 前掲、山口明『ABLの法律実務―実務対応のガイドブック』、56-57頁。

ている場合、設定者または譲渡担保権者が債権譲渡登記の登記事項証明書を交付して第三債務者に通知をなす、または、第三債務者の承諾を得る（動産債権譲渡特例法4条2項）。一方、民法468条2項に基づく通知、または、承諾による場合は、既に債務者対抗要件を具備しているので、取立処分権が担保権者に移ったことを通知するのみである。

このような債権譲渡登記制度と民法468条2項が併存することについて、第三債務者にすれば、債権譲渡登記制度または民法468条2項のどちらかの通知があった場合、その後に競合する債権者がいつ現れるかも知れないという不安と手続上の煩雑さが残っており、今後、何らかの解決を必要とするであろう。

10　ABLにおける債権担保

債権担保の法的構成は、質権を設定する方法や譲渡担保を設定する方法がある。

動産債権譲渡特例法では、法人が担保権設定者となり、かつ、指名債権であって金銭の支払いを目的とするものを対象とするときは、登記が可能である。同特例法では、債権譲渡担保だけでなく債権質権の登記も可能である（動産債権譲渡特例法14条）。

動産債権譲渡特例法による登記は、「特定の債務者に対する金銭債権であって、債権譲渡契約または質権設定契約の締結時以前に既に具体的に発生しているもの」を対象とした既発生債権の登記は、「債権総額」や「債権の発生の時および譲渡または質権設定の時における債権の額」を登記する必要がある。一方、「特定の債務者に対する金銭債権であって、債権譲渡契約または質権設定契約の締結の時以後に具体的に発生するもの、および、債務者以外の要素によって特定される金銭債権であって、債権譲渡契約または質権設定契約の締結の時以後に具体的に発生するもの」を対象とする将来債権については、「債権総額」や「債権の発生の時および譲渡または質権設定の時における債権の額」を登記する必要がない。

11 預金担保

預金は一般に譲渡性があり、口座が特定されることで対象が定まる場合、預金額の変動する預金債権上に質権を設定するのは認められるべきとしている[21]。しかし、一般的に銀行預金には、譲渡禁止特約が付して有り、この場合は、質権の目的にならないとされる[22]。そのため、実務的には口座開設金融機関から質権設定の承諾書を取得し、確定日付を付す方法により対抗要件を得る方法がとられる[23]。

12 破産法における担保権

担保制度は、債権者平等原則から離脱して債権回収を実施するための法技術である。担保権による交換価値は、破産財団から除かれるものとされる。担保権は、破産手続や再生手続において各手続によらずに、別除権とされる根拠となった実体法上の権利としての権利行使方法により別除権を行使することができるものと解される。(破産法2条9項、65条1項)。

破産手続において、担保権は破産手続において別除権として破産法の手続に拘束されず行使ができ (破産65条1項)、民事再生手続においても別除権として民事再生法の手続外の権利行使が可能である (民再53条1-2項)。さらに、別除権者は、約定等に基づく法定の方法以外の方法で換価することも許される (破産185条1項)。

民事再生手続においては、担保権は別除権として再生手続によらずに権利行使ができる (民再53条)。再生手続において担保を別除権として実行することは、再生事業者の再建が困難になることから、これを拘束することが望ましいが、一方で別所権の拘束による手続は、利害関係人の多様性に応じて複雑な決議を必要とするなど迅速な再生手続を阻害するおそれもある。そのため、再生手続においては別除権を拘束せずに手続外に置き、必要に応じて

---

[21] 石田穣『担保物権法』信山社、2010年、240頁。
[22] 前掲、道垣内弘人『担保物権法第3版 (現代民法Ⅲ)』、106頁。
[23] 前掲、山口明『ABLの法律実務―実務対応のガイドブック』、88-89頁。

担保権実行手続中止命令（民再31条）や担保権消滅請求制度（破産186条以下、民再148条以下）によって権利行使を制限し、事業再生の阻害原因を個別に除去する方法をとっている。

担保権者は別除権として担保権を実行することができるため、これに対して担保権実行手続の中止命令制度（民再31条）や担保権消滅請求制度（民再148条）が規定されているが、中止命令は一時的な過渡的措置のための制度である。担保権消滅請求制度はまとまった弁済原資が必要となることから、再生債務者が別除権を分割弁済することにより、担保権者は一定期間別除権行使をしない旨合意することを別除権協定という。別除権協定に基づく弁済は共益債権（民再119条2号）として手続外弁済となり、再生計画の規律が及ぶことはない。

会社更生手続は、担保権は更生手続のなかで更生計画によらなければ権利行使ができない（会社更生47条1項）。生産設備の担保差入や将来債権の譲渡等により担保実行を差止めなければ事業継続・維持が困難な場合は、会社更生手続が選択されることがある。そして、担保権者が多数であり、別除権協定の締結が困難である場合も会社更生手続を選択することがある。民事再生手続では、次の2つにおける課題があるため、会社更生手続を選択することがある。

1つ目は、担保権実行手続の中止命令制度（民再31条）は、要件が厳格であり、中止が認められる期間が一定の期間に限られる点である。2つ目は、担保権消滅請求制度（民再148条）を利用するには、担保目的物の価値に相当する金銭を一括して納付する必要があり、その資金を提供するスポンサーや企業に資金的余力が必要となる点である[24]。

---

24) 藤田広美『破産・再生』弘文堂、2012年、206頁。

第2節　動産債権譲渡登記

1　動産債権譲渡特例法成立の経緯と概要

　売掛債権譲渡担保の第三者対抗要件を具備する手段として、民法467条の規定による債権者の債務者に対する確定日付ある証書による通知または承諾がある。しかし、例えば金融機関のような法人が多数の金銭債権を一括譲渡する場合には、多数の債務者に通知や承諾等の手続を行うことは費用や経済の面で負担が大きく、民法上の第三者の対抗要件を具備することは困難となる。そのため、法人がする金銭債権の譲渡等や金銭債権を目的とする質権の設定について、簡便に債務者以外の第三者に対する対抗要件を備えることを目的として「債権譲渡の対抗要件に関する民法の特例等に関する法律」（平成10年6月12日法律第104号、後の動産債権特例法であり、以下、旧動産債権譲渡特例法とする）による登記制度が成立した。この登記制度を利用し、法人が金銭債権を譲渡した場合または金銭債権を目的とする質権設定をした場合、「引渡し」があったものとみなされることとなり、確定日付が付与されることとなった。

　民法上の動産の第三者対抗要件は、引渡である（民法178条）。引渡には、現実の引渡（民法182条1項）、簡易の引渡（182条2項）、指図による占有移転（184条）、占有改定（民法183条）が規定されている。民法上の動産譲渡担保では、担保の提供者が動産の占有を継続する必要があるため、通常占有改定による動産の引渡が行われる。しかし、占有改定による動産の引渡は、当事者の意思表示のみで行われ、判然としない公示方法であることから第三者からは動産の占有の取得が明らかではない。そのため、占有改定の有無や先後をめぐって紛争を生ずるおそれがあった。このようなおそれを極力解消し、動産を活用した法人の資金調達の円滑化を図るため、「債権譲渡の対抗要件に関する民法の特例等に関する法律」を改正し、「動産及び債権の譲渡の対抗要件に関する民法の特例等に関する法律」（平成16年12月1日法律第148号、以下、動産債権譲渡特例法とする）が成立した。これによる登記を

した場合「引渡し」があったものとみなされ、同時に確定日付が付与される。動産債権譲渡特例法において動産の譲渡人には法人に限定している。

この動産債権譲渡特例法では、企業の更なる資金調達の円滑化や多様化を図るために小売店の売掛代金債権のような債務者不特定の集合債権譲渡や債務金額が確定していない将来債権の譲渡についても登記によって第三者に対する対抗要件を備えることを可能としている。

2 動産債権譲渡特例法の登記事項（動産）

ここで、動産譲渡の必要的登記事項（第7条2項）について記しておく。動産譲渡登記は、譲渡人及び譲受人の申請により、動産譲渡登記ファイルに、次に掲げる事項を記録することによって行う。

一 譲渡人の商号又は名称及び本店又は主たる事務所
二 譲受人の氏名及び住所（法人にあっては、商号又は名称及び本店又は主たる事務所）
三 譲渡人又は譲受人の本店又は主たる事務所が外国にあるときは、日本における営業所又は事務所
四 動産譲渡登記の登記原因及びその日付
五 譲渡に係る動産を特定するために必要な事項で法務省令で定めるもの
（動産・債権譲渡登記規則では、譲渡に係る動産を特定するために必要な事項として、①動産の特質によって特定する方法、②動産の所在によって特定する方法の2種類を設け、いずれかの方法を選択できるようにしている。より詳細な動産の特定を望む場合、任意に記録ができる当事者の自由度を尊重した制度設計となっている。）
六 動産譲渡登記の存続期間
（原則10年以内の範囲において当事者が自由に登記の存続期間を定めることができる。）
七 登記番号
八 登記の年月日

第7条3項　7条2項六号の動産譲渡登記の存続期間は十年を超えることができない。ただし、十年を超えて存続期間を定めるべき特別の事由がある場合は、この限りでない。

3　特例法における動産担保の課題

　動産債権特例法により登記した場合、譲渡の対象となる動産を特定するために「動産の種類」及び「保管場所の所在地」を登記事項として記録する。動産譲渡登記の効力は、原則として当該動産がそれらの記載事項により特定された範囲内にある限りにおいておよぶこととなる。在庫のような流動集合動産に譲渡担保が設定された場合には、譲渡人は譲受人の承諾なしに通常の営業の範囲でその構成動産を処分することができると解される。

　債権者による特別の別段の指示がない限り、通常の営業の範囲内で在庫を処分することができる、とする契約が一般的であり、通常の営業の範囲内での動産の処分には動産譲渡登記の効力は及ばないと解される。譲渡人が通常の営業の範囲を逸脱して動産を保管場所の所在地から搬出する場合、その搬出された動産についても登記による対抗要件具備の効果がおよぶかという問題は、占有改定によって対抗要件が具備されたときにも生じる。

　この集合物には、いったん対抗要件が具備されれば、その効力は個々の動産が集合物から分離されても消滅しないとする見解と、譲渡担保の目的は集合物そのものであり、搬出された個々の動産と集合物とは別個の存在であり、保管場所から搬出された個々の動産に対抗要件の効力は及ばないとする見解とがある[25]。

4　担保の目的物の変転と変転物に対する担保権の範囲

　在庫担保は、担保目的物の価値がもともと毀損されやすい性質をもっているにもかかわらず、設定者に「通常の営業の範囲」内では目的物の中途処分

---

25)　植垣勝裕、小川秀樹『一問一答　動産・債権譲渡特例法三訂版増補』商事法務、2010年、84-85頁。

を許容せざるを得ないという特徴を有する。設定者が範囲を超えて目的物を処分した場合、担保価値義務違反となり、担保権者は担保権を実行する必要がある。しかし、担保権者が売掛代金債権に対して優先的価値支配を及ぼすことができるならば、必ずしも担保権実行にこだわる必要はない。そこで、在庫担保権者が売掛代金債権に対してどの範囲で優先的価値支配を及ぼすことができるか、という問題に関連してくる。

「通常の営業の範囲」を超えて在庫担保が譲渡されたときに、設定者が有する売掛代金債権に担保権の物上代位（民法304条）の対象になるかという問題がある。日本の判例では集合動産譲渡担保の目的物滅失により生じた保険請求権への物上代位を否定している（最判平成22年12.2民集64巻8号1990頁）。

在庫担保の迅速かつ実効的な担保権実行手続や売掛代金債権の包括的な譲渡担保権の設定が求められる[26]。譲受人は回収資金を手に入れることが困難になってしまうリスクが課題として残っている。

5　動産債権譲渡特例法の登記事項（債権）

ここで、債権譲渡の必要的登記事項（第8条2項）についてまとめておく。

一　前条第二項第一号から第三号まで、第七号及び第八号に掲げる事項
（一　譲渡人の商号又は名称及び本店又は主たる事務所、二　譲受人の氏名及び住所（法人にあっては、商号又は名称及び本店又は主たる事務所）、三　譲渡人又は譲受人の本店又は主たる事務所が外国にあるときは、日本における営業所又は事務所、七　登記番号、八　登記の年月日）

二　債権譲渡登記の登記原因及びその日付
（売買、贈与、譲渡担保等）

三　譲渡に係る債権（既に発生した債権のみを譲渡する場合に限る。第十条

---

26) 中島弘雅「ABL 在庫担保における担保実行手続」『動産債権担保―比較法のマトリクス』商事法務、2015年、34頁。

第三項第三号において同じ。）の総額

　なお、既に発生した債権のみ譲渡する場合には債権の総額が必要的登記事項、既発生債権と将来債権の譲渡および将来債権のみを譲渡する場合は、債権の総額を登記する必要はない[27]。

四　譲渡に係る債権を特定するために必要な事項で法務省令で定めるもの
（①債権が複数あるときは、1で始まる債権の連続番号。②譲渡にかかる債権の債務者が特定している場合、債務者および債権の発生の時における債権者の数、氏名および住所。③譲渡にかかる債権の債務者が特定していない場合には債権の発生原因および債権の発生の時における債権者の数、氏名および住所。債務者の氏名・商号の代わりに「債権の発生原因」の特定に必要な事項として、例えば不動産賃料債権を譲渡する場合には発生原因となる契約の客体としての不動産の所在地・名称・部屋番号等、売掛債権を譲渡する場合には発生原因となる契約の客体としての商品等や契約の主体の属性（居住地等地域属性）、請負代金債権を譲渡する場合には発生原因となる契約の目的たる仕事内容等がこれにあたる。④貸付債権、売掛債権その他の債権の種別。⑤債権の発生年月日。⑥既発生債権のみを譲渡する場合には債権発生の時および譲渡の時における債権額）

五　債権譲渡登記の存続期間
（譲渡にかかる債権の債務者のすべてが特定している場合は原則50年、その他の場合（特定していない場合）は10年）

　8条3項　8条五号の存続期間は、次の各号に掲げる区分に応じ、それぞれ当該各号に定める期間を超えることができない。ただし、当該期間を超えて存続期間を定めるべき特別の事由がある場合は、この限りでない。

6　特例法における債権譲渡担保の課題

　動産債権譲渡特例法は、債権譲渡に対して民法467条の対抗要件の特則で

---

[27]　植垣勝裕、小川秀樹『一問一答　動産・債権譲渡特例法三訂版増補』商事法務、2010年、92頁。

ある。民法が債務者と第三者に対する対抗要件を併せて譲渡人から債務者への通知により対処しているのに対して、動産債権譲渡特例法は、2つの対抗要件を分離して対処する。譲受人は、動産債権譲渡特例法によって第三者対抗要件を具備することができるが、債務者対抗要件は民法467条1項の通知または承諾によるか、動産債権譲渡特例法による登記事項の通知を債務者に対して行う必要がある。なお、動産債権譲渡特例法による登記事項の通知は、譲渡人または譲受人のいずれからでも可能となっている[28]。

売掛債権譲渡担保については、動産債権特例法と民法467条の規定による指名債権の譲渡による2つの方法があり、二重譲渡が発生するリスクを否定できないという課題が残っている。このように、近時は在庫や売掛金に対する担保のリスク評価の重要性が増している。

債権譲渡特例法においては、債務者対抗要件と第三者対抗要件を区別しているため、譲渡人の二重譲渡による問題が残っている。例えば、譲受人Aは債権譲渡登記（債権譲渡特例法4条1項）により第三者対抗要件を得るが、債務者対抗要件を未だ得ていない。譲受人Bの登記はAに劣後するが、債務者の承諾を得て債務者から弁済を受けたため債権が消滅した。これをうけてAがBに不当利得の返還請求をした判例がある（東京地判平22・7・27判時2090号34頁）[29]。

「担保物件は物権ではなく、債権に優先弁済権が与えられたもの。すなわち債権の摑取力」であるとしている。債務者の責任財産に対して債権者には摑取力（強制履行）があるという考え方は1つの解決法であろう[30]。

第3節 担保制度の課題と展望

貸出金利水準および商習慣に関わる課題において、米国の売掛金担保およ

---

[28] 森田修『債権回収法講義 第2版』有斐閣、2011年、98頁。
[29] 小野秀誠「債権譲渡における画一性と相対性」清水元、橋本恭宏、山田創一編『財産法の新動向 平井一雄先生喜寿記念』信山社、2012年、362頁。
[30] 加賀山茂『現代民法担保法 現代民法シリーズ4』信山社、2009年、33-35頁。

び在庫担保における貸出金利水準は、貸出額が少ない場合に金利が高く、貸出額が多い場合に金利を低く設定していた。企業のリスク評価や貸出コストを吸収する金利設定が実現している。これに対して日本のABLを含めた貸出金利は短期プライムレートへの上乗せ幅が少ないことから、モニタリング等コストの高いABLの導入は困難になっている。

債権譲渡の禁止特約については、下請事業者の資金調達の多様化を促すためにも、債権譲渡の制限や禁止の意思表示があったときにおいても債権譲渡の効力を妨げられないという民法改正は望ましいものと考える。

担保法制においては次の通りである。米国は判例法をとっている。担保については州法による規定もあるが、UCCの規定が一般原則といえる。UCCでは、例外を除き一般的にファイリングによって第三者対抗要件を取得する。ファイリングの記録事項は、債務者と担保権者の名と住所、署名、担保の表示と必要最低限にしており、詳細な情報は債務者に確認することを想定している。最も大きな特徴は、担保目的物の代替物にも担保権がおよぶプロシーズである。チャプター11のオートマティック・ステイにおいて、担保権者は財産に対する権利が適切な保護を受けていないとき、救済の申立により財産が保護される。

日本は制定法をとっている。民法に規定される担保権は、法定担保物権の留置権と先取特権、約定担保物権の質権と抵当権の4つであり、典型担保と呼ばれる。非典型担保は、民法に規定のない担保であり、もともと特別法が用意していない不動産や動産を目的物とする非占有担保として用いられてきた。その代表的なものとして、譲渡担保、所有権留保、仮登記担保(昭和58年法78号「仮登記担保契約に関する法律」、以下仮登記担保法とする)がある。譲渡担保は、債権担保の目的でなされる物または権利の譲渡である。

ABLの担保として利用される動産譲渡担保、集合動産譲渡担保、将来債権譲渡担保等は民法上に明文化されていない非典型担保であるが、判例を重ねながら経済活動に追いつこうとしている。しかしながら、判例法の枠組みのなかでは、個々の担保権に当てはめる必要があり、それぞれのケースによ

って、どのようにしたら第三者対抗要件を具備できるかを深く検討しなければならない。ABL において担保権をどのように設定するか、第三者対抗要件を得ることが事務手続き上、複雑で困難なものになっている。この不都合を解決するために、米国の UCC に規定されているプロシーズまたはプロシーズに近い概念を日本の担保制度に導入する必要があるのではないだろうか。

　倒産法制においては、破産の場合、別除権として破産法の手続に拘束されず行使ができる（破産65条1項）。民事再生の場合、担保権者が一定期間別除権行使をしない旨合意することを別除権協定といい、弁済は共益債権（民再119条2号）として手続外弁済となる。企業の再生を優先することで担保権者の権利を保護しない場合、早期に債権を回収することが想定される。倒産法制において、担保権者の財産権に対する保護がなされることで、ABL の債権者は最後まで事業の再生を支援するインセンティブが働くであろう。

　米国のファイリングに類似する登記を実現するために動産債権譲渡特例法も制定され、少しずつ前進している。しかしながら、必要記載事項が厳密かつ修正ができないため、現場から改善の要望がある。このように、信用リスク評価やモニタリングコストを想定した貸出金利水準の適正化、譲渡禁止特約問題の解決、プロシーズ導入による担保制度の充実、倒産法制における担保権の保護等 ABL の発展にはさらなる前進が必要である。

第4節　日米 ABL の担保制度の違いによる示唆

　米国における担保の特徴は、原則、ファイリングによって公示される点である。日本においても動産債権譲渡特例法による登記制度が創設された。米国のファイリングでは、ファイナンシング・ステートメントに債務者と担保権者の氏名や住所、担保物の表記、債務者の署名があればよく、詳しくは債務者に確認すればよいとしている。これに対し、日本の動産債権譲渡登記においては、登記記載項目が多く、保管場所、数量の指定等を適切に記入する

ための技術が必要である。

　米国担保制度の特徴の1つは、プロシーズである。プロシーズは、担保目的物が債権、金銭、代替物となった場合でも担保権がおよぶため、担保権者にとって確実に担保からの回収を得ることができる。日本においては、動産の場合、債権の場合、預金口座のように担保物が代替した場合には、それぞれの法解釈が必要となる点で担保権者の回収を困難なものにしている。

　チャプター11は、日本における民事再生に相当する。民事再生では、別除権者は担保権を実行することができるが、実務的には、担保権実行手続の中止命令や担保権消滅請求権による法的強制力の執行を嫌い、別除権協定を結ぶことが考えられる。結果として、担保権者は思う通りに回収を進めることが困難となりかねない。これに対して、米国のチャプター11はオートマティック・ステイにより担保権実行等が禁止されるものの担保権者の財産権が適切な保護を受けていない等相当の理由がある場合に、救済の申立による保護を受けることが可能である。

　不動産担保では生じなかった問題が、動産譲渡担保、債権譲渡担保等には残されており、ABLの貸手にとって解決すべき課題が多く残されているといえる。

　本章で得られた示唆は、次の通りである。第1に、米国がABLを貸出手法として捉えているのに対して、日本のABLの定義においては特定の担保を指しており、その貸出手法にはあまり触れられていないことがうかがえた。第2に、金融環境や日本の商習慣がABLに影響を与えていることを確認した。第3に、米国のUCCのプロシーズにより担保目的物が代替した場合でも、担保権者はその担保代替物を得ることが可能であり、担保権者の財産権があたかも包括的に捉えられていた。これに対して日本の法制度では、動産譲渡担保と債権譲渡担保は明文化されてない上、集合動産や集合債権である場合や動産債権譲渡登記等その状態によりそのどこまでを担保として認められるかについて今後の判例を待つ必要があるケースや高度な法解釈を要

求されることがあることを確認した。第4に、チャプター11の担保権者の財産権に対する適切な保護によって担保権者の地位が比較的安定している点に比べて、日本の破産型および再生型の別除権は必ずしもそうではないという示唆を得た。

　ABLは、理論的には売掛金や在庫などの資産を活用する魅力的な貸出手法となり得る。しかしながら、米国とはやや異なる商習慣や法制度が一定の原因となり、ABLの普及が進まないのではないだろうか。なお、本章では、業種や企業規模別等の分析、金融機関毎のABLの具体的な貸出手法の取り組みについては触れておらず、今後の課題としたい。

第 4 章
金融機関の審査・モニタリングの
フレームワークの考察

第 1 節　銀行審査の新たな視座

1　銀行審査におけるインテリジェンス活動の必要性

　金融機関では貸出先の不透明な財務情報問題を解消し、貸出のリスクを低減することが望まれている。本章では、ファイナンシャル・インテリジェンスの主体を金融機関とし、貸出における財務、担保のリスク評価をまとめ、貸出先のモニタリングに対する 4 つの事業のチェック項目に対するリスク評価を提案する。金融機関のファイナンシャル・インテリジェンスを利活用による貸出先のリスク評価の可能性について示唆を試みるものである。

　企業の資金調達の多くは銀行等の金融機関を利用している[1]。金融機関は、財務情報の乏しい不透明な情報のなかで企業への貸出をするにあたり、財務情報を補完するものとして不動産担保や連帯保証人を利用してきたが、近時、金融庁の有識者会議等において不動産担保や連帯保証人に過度に依存しない貸付が望まれている[2]。

---

[1] 経済産業省において、特に直接金融による資金調達が困難な中小企業等、金融機関の貸出が重要である旨、調査結果が示されている。産業構造審議会産業金融部会「産業金融部会中間報告」2003年 6 月。この他、中小企業の資金調達は株式よりも銀行を中心とする借入により賄う傾向が高い点について、多くの研究がなされている。代表的な調査として、内田浩史、小倉義明、筒井義郎、根本忠宣、家森信善、神吉正三、渡部和孝「企業環境変化と金融機関の在り方：日本の企業ファイナンスに関する実態調査（2014年）の結果概要」『経営研究』、No.61、2015年 3 月、24-25頁。

[2] 金融庁「経営者保証に関するガイドライン」の公表（2013年12月）、「経営者保証に関するガイドライン Q&A の一部改定について」（2014年10月）に見られる経営者保証に関する見直し。「民法の一部を改正する法律（包括根保証の禁止）」2005年 4 月施行、「地域密着型金融の機能強化の推進に関するアクションプログラム」（2005年 3 月）等。

金融機関は、借入申込みに対して審査を行う。資金需要および借入申込金額の妥当性、返済の能力の有無、企業の将来性、公共性、貸出によって得られる収益性等総合的に検討する。企業の返済能力を測るにあたり、伝統的な方法として財務諸表等からの収益性、安全性、成長性の分析が行われる。財務諸表の他には、納税申告書や附表の他に会計帳票や証憑を確認することもある。さらに、財務諸表の他、事業に関わる計画書や経営者から事業の現状や予測についてのヒアリング等を加えて審査が行われる。

　金融機関では、事業の実態を把握するための情報として、財務情報のみでは不十分であるという問題がある。そのため、金融機関では財務情報を捕捉する情報を得るためのコミュニケーションが重視されている。すなわち、企業の財務における情報の非対称性の解消が課題とされており、その取り組みの1つに経済産業省や金融庁によって提案されたリレーションシップ貸出の積極的な取り組みがあった[3]。リレーションシップ貸出では、金融機関による企業経営者への非財務情報のヒアリングや商流情報のモニタリングによる情報収集が求められている。

　本章の構成は次の通りである。まず、貸出実施前の従来の金融機関の財務情報の分析・評価手法を整理し、コンペティティブ・インテリジェンスの手法をふまえた財務情報の分析・評価手法の効果を検討する。次に、貸出実施後の財務情報や在庫等担保からモニタリング手法のあり方についても検討する。そして、金融機関がファイナンシャル・インテリジェンスを利活用することで貸出リスクを事前に計り、事後的なリスク軽減にも有効なインテリジェンスの利活用についての示唆を試みる。

2　ファイナンシャル・インテリジェンスの意義と目的

　金融機関の貸出においては、大きく3つの部門が関わっている。まず、リ

---

[3]　金融庁が中小・地域金融機関に対して「地域密着型金融推進計画」（①事業再生・中小企業金融の円滑化、②経営力の強化、③地域の利用者の利便性向上に向けた具体的な取り組み）策定を要請したもの。金融庁「地域密着型金融の機能強化の推進に関するアクションプログラム（平成17〜18年度）」2005年3月。

スクを管理するリスク管理部、貸出先の審査を行う審査部門、貸出の開拓やモニタリングを行う支店等の営業部である。本論文では、特に支店等営業部を対象として想定する。

　金融機関のファイナンシャル・インテリジェンスが必要となる理由は、次の３点である。①貸出におけるモニタリングの重要性が増したことへの対応、②効率的な意思決定の要請への対応、③重要な貸出判断に必要な戦略分析の要請に対応である。

　まず、第１の貸出のモニタリングに対する重要性が増したことへの対応とは、リレーションシップバンキングによる貸出先の事業実態をモニタリングによって把握する仕組み金融機関が求められていることや在庫や売掛債権といった流動資産担保を導入することによって経常的な商流の把握を求められていることによる。

　従来、正常債権である貸出先の不動産担保評価は、原則的には、貸出審査時と数年に一度評価替えをすれば良かったが、近時、担保として着目されている在庫や売掛債権といった流動資産担保については、基本的に毎月在庫の有無の確認作業、売掛債権の入金の状況の確認といったモニタリングが必要となっている。

　数万件を超える貸出先毎に本部が一括してモニタリング管理を行うのは困難であるが、支店単位での対応は可能である。但し、支店においては人員削減が進んでいることから、貸出先毎のモニタリングの管理については、より高度なシステムによる管理が望まれている。

　流動資産担保のモニタリングは貸出先の状態にもよるが、概ね１ヶ月毎のモニタリングが望ましいと考えられており、定期的かつリスクの存在を意識しながら行われる。ここ数年の取り組みとしての流動資産担保やリレーションシップバンキングにより、貸出先の事業に対するモニタリングが重要視されているため、これをインテリジェンスによって体系的に整理することに意義がある。

　第２に、効率的な意思決定の要請への対応とは、情報の蓄積と過去の情報

の利用による効率化への期待である。金融機関と貸出先とは、長期間に亘る関係から情報の蓄積がなされており、貸出申込みの都度、新たに膨大な情報を必要とする訳ではない。インテリジェンスによる体系的な情報の分析により、蓄積された情報と従来との違いを参考にすることで、ヒューリスティクスな意思決定に有効であると考える。

　第3に、大口貸出先の貸出判断に必要な戦略分析の要請とは、従来のように事業計画書のキャッシュフローの数値のみで返済可能性を計るのではなく、根拠となる戦略を検討する必要があるということである。

　金融機関の貸出では、事業計画上の返済原資の確保が重要であるが、その裏付けとなる企業の戦略はさらに重要な要素である。金融機関の営業店の担当者が貸出先の事業の長期的な戦略を理解していれば、例えば、貸出先の販売市場の急激な変化を知ることで、貸出先の事業への影響を事前に察知することも可能となる。

　ファイナンシャル・インテリジェンスの目的とは「貸出先の事業のモニタリングによるリスク評価」である。目的達成のためには、債権に影響を及ぼす事象として貸出先の事業に対して事業へのチェック項目によるリスク評価が有効であろう。

　金融機関にとってリスクの高い貸出債権は、それに見合った金利を設定することで高収益を得ることができた。しかし、一旦不良債権となってしまうと今度は逆に収益機会を逃すことになってしまう。不良債権となってしまった場合、機会損失を広げることになる。機会損失を避けるためには、不良債権を早期にバルクセール等によって処理することである。

　貸出先の借入申込みに対する素早い貸出の判断、リスクをとる代わりの高めの金利設定、不良債権の早期処分が競争の激しい金融機関における高収益を実現する生き残り策の1つであるといえよう。

3　ファイナンシャル・インテリジェンスの定義

　金融機関のファイナンシャル・インテリジェンスの目的である「貸出先の

事業のモニタリングによるリスク評価」を行うためには、まず、金融機関のファイナンス・インテリジェンスの定義を捉えることが必要である。

　まず、従来のインテリジェンスと金融のファイナンシャル・インテリジェンスの違いについて検討する。我が国において企業におけるインテリジェンスそのものの意味そして利活用について、充分な理解が得られていない状況では、本論文でとりあげるファイナンシャル・インテリジェンスについても未開拓な研究領域と言わざるを得ないと考える[4]。

　インテリジェンスの定義については、研究者によって議論がある。有力説の1つに2014年1月10日のJSCI（The Japan Society of Competitive Intelligence）の協議におけるインテリジェンスの定義がある。それは、「目的に応じて必要な情報を収集し調査・分析・評価することで、意思決定に資する価値のある情報として新たに生成されたもの」である[5]。

　一方、ファイナンシャル・インテリジェンスの定義には、大きく2つの流れがあると捉えることができる。1つ目は、行政機関等が主体となり、国際間のマネーローンダリングを監視する米国財務省テロ・金融インテリジェンス担当部局等による金融インテリジェンスである[6]。2つ目は、事業が主体となるファイナンシャル・インテリジェンスである。企業経営者が有するべきファイナンシャルな知見としてのファイナンシャル・インテリジェンス研究は、米国を中心に活発な研究がなされている[7]。本論文で取りあげるのは、3つ目の流れとなる金融機関のファイナンシャル・インテリジェンスである。すなわち、金融機関を活動の主体をとするファイナンシャル・インテリジェンスである。

---

[4] Noriko Minamizaki,"Transition and positioning of intelligence in information services a view of the major journals in Japan", *Intelligence management*, 5(1), pp.59-69.

[5] 菅澤喜男『諜報機関から学ぶ競争競合相手分析と戦略シナリオ』、ヴィジインテリジェンス出版、2015年、6頁。

[6] Toshiyuki Yasui, "Birth and Development of financial intelligence: Catalyzed by the 9-11 Terror and Global Financial Crisis", *Intelligence Management*, 1(1) ,2009,p.33.

[7] Karen Berman, Joe Knight and John Case, *Financial Intelligence: A Manager's Guide to Knowing What the Numbers Really Mean*, Harvard Business Review Press Boston, Massachusetts, 2013,p.24.

本章では、金融機関の収益の大半を占める貸出金に重点を置き、ファイナンシャル・インテリジェンスの定義を「金融機関の貸出先に関わる財務、担保のモニタリングによるリスク評価」とする。

4 貸出先の財務に関わるリスク評価

金融機関の全てのリスクに対応するのが理想であるが、金融機関においても人員や資金等の資源には限りがあるため、現実の資金力やマンパワー等の金融機関が有する資源という制約条件の中では、優先順位の高い目標のためのリスク分析とリスクへの対応となる。

ファイナンシャル・インテリジェンスでは、主として財務と担保の2つを対象とする。リスク評価の1つ目は、財務諸表の分析によるリスク評価である。2つ目は、貸出金に対応する担保の評価である。従来の担保は不動産に偏重していたが、近時、流動資産である動産および債権を担保とするケースが増加している。このため、流動資産を担保とした場合、貸出先の有する在庫等の動産や将来債権等残高の増減が頻繁に発生する担保を管理することが必要となっている。

5 財務諸表および財務分析のリスク評価

株式会社の会計は、「一般に公正妥当と認められる企業会計の慣行」に従うものとする（会社法431条）と規定される。この「一般に公正妥当と認められる企業会計の慣行」は複数存在し得るとされている[8]。全ての企業がいずれかの基準を用いて適切な財務情報の開示を行っているべきである。金融機関は、さまざまな会計基準を的確に把握し、財務諸表を読み取っているだろうか。現実的には困難な場合もあるであろう。財務分析は、企業のパフォーマンスを理解する上で役に立つ手法である。

財務分析においてよく利用されるのが、比率分析である。比率分析は、企

---

8) 弥永真生「建設業と中小企業会計」『青山経営論集』48 (2)、2013年、153-154頁。

業のパフォーマンスの評価、企業の戦略実行の成果に対する評価、事業計画に対する進捗の評価等に用いられる。比率分析は企業の財務における複数の数値を用いてその関係を分析するものであり、過去の成果や業界標準と比較した場合、さらに意味のあるものとなる。

比率分析のベンチマークとなる主要なものは3つある。1つ目は、パフォーマンスヒストリーである。これは企業自体の数年間の数値を時系列に比較するものである。劇的な比率の変化や良し悪し等の傾向等を読み取ることができる。2つ目は特定の企業と比較することである。ベンチマークとなる企業の業績と比較し、どこが違うのか識別することで業績の良い理由等を特定する。3つ目は業界全体との比較である。類似業種の企業の平均とどの程度離れているかを認識することが可能である。

貸出先企業の財務諸表の比率分析によってリスクを分析し、経営状況を評価することは、貸出前の審査と貸出後の管理において重要である。

以上をまとめると、時系列の比率分析、特定企業との比較分析、類似業種企業との財務分析により評価を行うことが望ましい。

6　担保のモニタリングによるリスク評価

従来の担保は、土地や設備等であった。近年は、在庫や売掛債権を担保とした貸出が脚光を浴びている。本論文では、担保としてのリスクが課題となっている在庫や売掛債権の担保に焦点を当てて検討する。

図表4-1は、在庫が売掛金となり、やがてキャッシュとなるフローの図である。運転資金フローは、原材料の仕入、製品、売掛金、資金化のサイクルであるが、現実には、さらに複雑な動きが生ずる場合がある。

図表4-1　運転資本と生産サイクル

Karen Berman, Joe Knight and John Case, Financial Intelligence: A Manager's Guide to Knowing What the Numbers Really Mean. より作成

　在庫や売掛債権の担保は、不動産担保とは異なる課題が指摘されている。在庫を中心とした流動資産である動産担保の場合、担保権者にとってはモニタリングすることによって企業の経営状況を把握する好機である。しかし、在庫の品質保持の課題や保存場所をモニタリングしなければならない管理コストが発生する問題点がある。

　その他、動産の即時取得の問題等がある。従来、第三者に対し担保としていることを主張するために「対抗要件」が必要であり、「引渡し」が対抗要件であった。動産担保は、その占有を債務者が有したまま「占有改定」として、占有形態は変えずに、債権者のために債務者が当該動産を占有するとする「引渡し」があったとしていた。しかし、占有改定は、当事者間でのみ行われ、外形上に変化はないことから、既に譲渡担保に差し入れられているにも関わらず、二重に別の債権者にも譲渡担保に差し入れる可能性がある点が課題であった。

　占有改定の問題を解消し、動産を活用した企業の資金調達の円滑化を図るため「動産及び債権に譲渡の対抗要件に関する民法の特例等に関する法律」（「債権譲渡の対抗要件に関する民法の特例等に関する法律」を改正、平成16年12月１日法律第148号）が成立し、これによる登記をした場合、「引渡し」があったものとみなされることになり、同時に確定日付が付与されることになった。なお、動産債権譲渡特例法における動産に譲渡人は法人に限られている。

動産担保に関するリスクとして、動産債権特例法により登記した場合、譲渡の対象となる動産を特定するために「動産の種類」及び「保管場所の所在地」を登記事項として記録する。動産譲渡登記の効力は、原則として、当該動産がそれらの記載事項により特定された範囲内にある限りにおいて及ぶこととなるため、通常の営業の範囲内で搬出された動産には、動産譲渡登記の効力は及ばないと解される。倒産間近に担保権設定者が保管場所の所在地から搬出してしまった場合、担保権者は回収資金を手に入れることが困難になってしまう。

7　債権担保における第三者対抗要件

　売掛債権譲渡担保の第三者対抗要件を具備する手段として、民法467条の規定に拠る債権者の債務者に対する確定日付ある証書による通知または承諾がある。この他、法人がする金銭債権の譲渡や金銭債権を目的とする質権の設定について、簡便に債権者以外の第三者に対する対抗要件を備えるために「債権譲渡の対抗要件に関する民法の特例等に関する法律」（平成10年6月12日法律104号、後の動産債権譲渡特例法である）による登記制度があった。この制度を利用し、法人が金銭債権を譲渡した場合または金銭債権を目的とする質権設定をした場合、「引渡」があったものとみなされることとなり、確定日付が付与されることになった。

　売掛債権譲渡担保については、動産債権譲渡特例法と民法467条の規定による指名債権譲渡による2つの方法があり、二重譲渡が発生するリスクを否定できないという課題が残っている。

　このように、不動産担保と流動資産の担保が添え担保であった従来の貸出スタイルとは異なり、近時は在庫や売掛金に対する担保のリスク評価が重要になりつつある。

　在庫等動産担保については、担保物の品質劣化等の特殊性、マーケットに関わる処分の容易性、デッドストック化の有無等から担保処分予定価格に対するアイテム別のデータベースが必要となる。官民共にデータベースの必要

性が望まれているが、費用負担の問題から現状、着手されていない。金融機関においては、自社またはアプレイザー（担保物評価の専門業者）等による多面的な評価が望ましい。在庫等動産担保については、貸出先の業況悪化により急激に担保価値が減少するからである。

　売掛債権担保は、売掛債権の債務者一覧と貸出先の銀行預金への振込入金実績とを用いて担保評価がなされている。売掛金が支払日より3ヶ月経過しても入金されない場合は、担保評価しない等である。動産担保に比して比較的合理的に判断ができ、金融機関における担保として評価が高い。

　在庫等動産担保および売掛債権担保は、金融機関によって額面に一定割合を割引いて担保価値とされており、各金融機関で担保の評価に一定の割引率の掛目を設定している。なお、金融庁のマニュアルでは動産70％評価、売掛金80％評価としている。

第2節　モニタリングのフレームワーク

1　フレームワークの4つの視点

　金融機関が貸出先の経営計画に対して一般的に返済に問題のない場合には、詳細な財務分析は担当者レベルで行われるに留まり、おおまかな経営計画と財務数値の検証に留まることが多い。経営計画に対する実績についてより詳細に検討がなされるのは、破綻懸念や実質破綻先のような返済が困難となった企業や経営に問題を抱えた企業やメインバンクであり、かつ、大口の取引先である場合が多い。

　金融機関がモニタリングにおいて特に注視する点は、フリーキャッシュフローベースでキャッシュが増加しているか否かであり、売上や経費の動向を確認することが多い。金融機関が経営改善を提案する場合、経営者に問題意識を持たせる目的で、売上先の利益率や支払い条件を有利にする交渉の有無を確認し、仕入先に対しては競争入札導入の有無や仕入条件や仕入値を有利にするための努力の有無等を質問することがある。

金融機関のモニタリングは、貸出先のPDCAが上手く回っているか否かを確認し、実行させることを目的としている。ファイナンシャル・インテリジェンスにおいては、次に述べるように4つの事業のチェック項目によるリスク評価が課題となっている。

ファイナンシャル・インテリジェンスによる代表的な事業のチェック項目には、運転資金フロー、設備資金フロー、製品・サービスおよび経営者のプロファイリングがある。この4つの事業のチェック項目はモニタリングによりリスクを計測する上でいずれも重要となる。

2　運転資金のリスク評価

運転資金の資金需要の予測の代表的な方法として既に知られている伝統的な分析手法ではあるが、ファイナンシャル・インテリジェンスの理解を進める意味で次の通り、単純なモデルを紹介しておく。資金化サイクル（Cash Conversion Cycle）を算出し、経常的な資金需要を予測するためのツールである。**図表4-2**は、前月末の現金預金に当月の入金予定金額を加え、当月の支払予定金額を差引し月末の残高を算出して当面の資金の動きや状態を確認するものである。

図表4-2 資金化サイクル

$$\text{Days sales outstanding} = \frac{\text{Ending accounts receivable}}{\text{Revenue}/360 \text{ day}}$$

$$\text{Inventory days} = \frac{\text{Average inventory}}{\text{Cost of goods sold}/360 \text{ day}}$$

$$\text{Days payable outstanding} = \frac{\text{Ending accounts payable}}{\text{Cost of goods sold}/360 \text{ day}}$$

Cash conversion cycle
 =Days sales outstanding +Inventory days-Days payable outstanding

Karen Berman, Joe Knight and John Case, Financial Intelligence: A Manager's Guide to Knowing What the Numbers Really Mean. より作成。

　所要運転資金が財務諸表から分析されることから、仮に必要運転資金を超える過大な運転資金ニーズがある場合には、正常な増加運転資金ニーズを除き、何らかの問題を有していると考えられる。代表的な例としては、赤字補填の資金や不良在庫を抱えている場合が多い。

　その他、複数の事業部門を有する企業においては、貸出先の協力を得て事業のセグメント情報等資金化サイクルに必要な情報が入手できる範囲において運転資金の算出が可能となる。複数部門を有する企業の場合、他の部門での流用の有無にも注意をする必要がある。

　必要運転資金を算出するのみでは、リスクの有無について合理的な判断が可能とは言い切れない場合がある。例えば、事業計画に沿った販売計画に問題はないか、という販売力に対する問題や仕入価格や数量は適正であるか、という調達能力に問題に対する判断が必要となる。仕入や販売力に関しては、仕入担当者や営業責任者からのヒアリングに加えて同業他社からのヒアリングを通じてある程度の参考とすることができるであろう。

　なお、金融機関がメイン銀行である場合、運転資金の申込みに対して拒否

をすることは、既に貸している貸出金も返済されない可能性もあり、所要運転資金の整合性の有無のみによって可否を判断することは困難である。

運転資金については、次の設備資金フローによる事業のチェックの他、さまざまな要因を検討する必要があり、リスク評価が困難な項目の1つであるといえる。

3　設備資金のリスク評価

設備投資にあたっては、いくつかの投資プランに対して投資判断をすることになるであろう。本論文では代表的な例としてNPV（Net Present Value）による投資選択を挙げる。

NPVには、次の手順が必要となる。1つ目には、設備投資後の予想損益を算出する。2つ目には、それぞれのフリーキャッシュフロー（以下FCFとする）を算出する。3つ目には、実質的な資金調達金利の計算を行う。本論文では、代表的な例としてWACCを用いる。4つ目には、NPVの算出である。NPVは、長期に亘る投資となった場合に、計画に対する金利変動リスクが課題となることがある。費用対効果も検討しつつ、適宜、金利オプションを検討する必要がある。

上述の手順を具体的に述べると、まず、1つ目の設備投資後の予想損益では、景気や市場動向の影響を考慮した売上や設備の稼働について好調、普通、不調等のいくつかのパターンを用意する必要がある。2つ目にFCFを算出する。NOPATは、営業利益から税金を差し引いた利益である。これに減価償却を加え、運転資本の増加額と更新設備投資を差し引いたものがFCFである。

$$FCF$$
$$FCF = NOPAT + 減価償却 - 運転資本増加額 - 更新設備投資$$
$$NOPAT = 営業利益 \times (1 - 実効税率)$$

3つ目にWACCの算出である。なお、株式の調達コストには、やはり代表的な例としてCAPMを用いる。reには、CAPMを用いる。CAPMのrfはリスクフリーレート（長期国債利回り）を用い、β値は個別株式の株式市場全体に対する相関係数を用いる。rmは株式市場全体の期待収益率を用いる。

WACCとCAPM

$$\text{WACC} = re \left(\frac{\text{Equity}}{\text{Debt} + \text{Equity}}\right) + rd\,(1-\text{実効税率})\left(\frac{\text{Debt}}{\text{Debt} + \text{Equity}}\right)$$

$$\text{CAPM} = rf + \beta \times \{E(rm) - rf\}$$

4つ目は、NPVである。II（Initial Investment）は初期投資であり、rにはWACCの金利を用いる。各年のFCFを現在価値に割引いたものと初期投資を差し引きすることでNPVが算出される。

NPV

$$\text{NPV} = -II + \frac{FCF_1}{1+r} + \frac{FCF1}{(1+r)^2} + \cdots + \frac{FCFn}{(1+r)^n}$$

NPVの算出によって複数の投資から合理的に選択することが可能となる。

なお、NPVによる投資判断では、投資効果や割引率等用いる数値によって大きく変化するため、保守的に算出した結果を用いることが望ましい。

投資リスクには、インフレリスク、当初想定した割引率に対する金利変動リスク、販売市場の変動リスク、プロジェクト終了後に投資設備を売却する場合の換価処分リスク等が考えられる。

設備投資が当初計画通りに行かない場合の損失や投資額が大きく損失が貸出企業の経営に与えるインパクトが大きいことも想定する必要がある。

4　製品・サービスのリスク評価

貸出先の製品・サービスのリスク評価においては、いくつかのアプローチ

が考えられる。代表的なものは、プロダクトライフサイクル理論[9]やPorter（Michael Eugene Porter；以下Porterとする）によるFour corners modelがある[10]。

　1つ目のプロダクトライフサイクル理論では、企業の製品・サービスがプロダクトライフサイクル上の導入期、成長期、成熟期、衰退期のどの時点の製品であるかの企業の認識によって、とるべき戦略が異なる。現代マーケティングのマーケティングミックスに当てはめて考察してみる。仮に未開拓の市場への先発者として製品・サービスを投入するならば、導入期における上澄み吸収価格設定を採るか市場浸透価格設定を選択するかの判断が必要である。しかしながら、既に成長期に入っている製品・サービスを顧客からの視点を無視して、まだ導入期であると判断し、上澄み吸収価格設定をとれば、顧客の製品に対する価値を超えた価格設定となり、競合との競争に敗退するおそれがある。

　プロモーションにおいても、導入期と成長期の認識は重要である。導入期は説明型の広告が有効であるが、既に成長期に入っている場合、説得型広告や比較広告に切り替え顧客に訴求していく必要がある。パッケージやイメージといった製品の構成にも影響を与える。顧客が製品の機能性を望んでいるのか、否か、むしろ、オーバースペックを嫌っているのかも知れない。

　流通については、排他的流通政策でブランドを確立すべきか、開放的流通政策で薄利多売を進めるか、あるいは競合が取引していない小売店を選択的流通政策で狙うか等の課題がある。

　金融機関は、貸出先の主力製品と貸出先が属する業界全体とを見渡し、企業が想定しているプロダクトライフサイクル上の認識を把握し、少なくともリスクを認識すべきであろう。

　金融機関が設備資金や運転資金を貸出す際に、貸出先企業が長期的に事業を継続できるか、否かを判断する必要がある。企業の長期的な戦略が適切な

---

9)　E. ロジャース、『技術革新の普及過程』翔泳社、1966年、112頁。
10)　M.E. ポーター、『新訂　競争の戦略』ダイヤモンド社、2001年、17-18頁、55-63頁、73-99頁。

ものか、を判断する手法の1つとして、コンペティティブ・インテリジェンスの戦略分析にも利用されるPorterのFour corners modelがある。

分析手順は、①競争業者の目標探索、②競争業者が有する仮説の設定、③仮説を受けて実際の進捗を分析、そして、④競業企業の戦略実施能力を分析するものである。

同分析手順の1つ目は、貸出企業の競争業者の目標探索である。PorterのFive Forces理論に対処する場合、競争優位を得るために3つの基本戦略がある。1つ目は、コストリーダーシップを採ることであり、コスト競争に優位になるために製品設計や設備投資の見直しに伴う再投資が必要になるため資金調達力が欠かせない。2つ目は差別化であり、業界の中で特異な製品を提供しなければならない。3つ目は、特定のターゲットを丁寧に扱う目的で策定される。理論的には長期的に成功する戦略には、この3つのいずれかの戦略が該当する。なお、企業が複数に事業を有している場合は、事業ポートフォリオ分析において各事業がどのように分類され、目標をどのように設定しているか。なお、複数の事業部門がある場合、事業部門のみの戦略か、または、各事業部門の連携があるか等を検討すべきであろう。

同分析手順2つ目は、競争業者が有する仮説の設定である。競争業者の歴史、経営者の経歴を参考としながら、競争業者自体に関する仮説、競争業者が属する業界や競合に関する仮説を立てる。

同分析手順3つ目は、競争業者の現在の戦略の検証である。競争事業の事業が経営戦略に忠実に実行できているか検証する。

同分析手順4つ目は、競争業者の戦略の実行能力の検証である。今後の戦略の実施の可能性、実施時期、実施内容、戦略へのリソースの集中度や影響について検証する。

金融機関はいくつかの理論的アプローチを組合せることで、貸出先の製品・サービスが事業計画通りに進捗するか否かを判断し、リスクを計る必要がある。

5　経営者のプロファイリング

　貸出先のリスクをコントロールには、企業の経営者のプロファイリングを理解し、対処することは重要である。特に経営トップの交代やキーとなる経営者層の移動は、規模の大小に拘らず企業に大きなインパクトを及ぼす。

　インテリジェンスの視点では、パーソナリティは長期間変わらないものとして捉えられており、経営者の戦略的意思決定予測するために最も重要な要素の1つである。戦略的な決定をするのは、企業ではなく経営者個人であるため、貸出先のマネジメントの将来の意思決定に対しして有効な洞察を与える。分析には、学歴、経歴とポジション、前職での意思決定、社内昇進か社外採用か、年齢、趣味とパーソナリティ等が対象となる。

　学歴は、学校での専門領域を重視する傾向を知ることができる。経歴とポジションでは、経営者の前職のポジションが財務であれば、コストダウンや買収合併を通じた企業の成長戦略を行う傾向があり、技術畑であれば製品開発や特許戦略を通じた成長戦略を行う等の傾向を知ることができる。前職での意思決定を知ることは、今後の意思決定の予測に有効である。社外採用の場合、組織改革や部門の統廃合に取り組む傾向があり、社内昇進の場合は従来の経営方針を世襲する傾向がある。年齢が高いとリスクに対して回避する傾向がある。趣味とパーソナリティでは趣味から経営者のパーソナリティを分析するのに有用となる[11]。

　貸出先の経営者のプロファイリングにより金融機関は、経営者の交代による事業リスクを想定しておく必要があるだろう。一例としてアップル社の経営者の交代を挙げる。1980年に株式を上場した米国のアップル社では、1985年、技術系のスティーブ・ジョブズはCEOのジョン・スカリーとの抗争の末、同社を去った。スカリーは、ウォートンでMBAを取得し、ペプシの社長としてマーケティングと広告のキャリアを磨いた。1900年、スカリーCEOによってアップル社は業界トップの収益性を誇っていたが、やがて

---

11) Craig S. Fleisher, Babette E. Bensoussan, *Strategic and Competitive Analysis: methods and techniques for analyzing business competition*, Pearson Education, Inc., 2003,pp.230-231.

IBMとの競争に敗退する。当時、短期的な成功を収めたアップル社であったが、長期的にはパーソナルコンピューター産業の競争において敗退してしまった。アップル社の敗因について、さまざまな原因が考えられるが、製造販売業者としての技術的な優位性を経営陣が保持できなかったことも1つの要因と見ることができる[12]。

　個人のコンピテンシーが変化することは考え難く、経営者のプロファイリングにより戦略を予測することは合理的といえる[13]。一般に経営者の属性をプロファイリングすることによって経営方向性を予測することは、リスク回避上有用だと言えるだろう。

第3節　新たな銀行審査に残された課題

　ファイナンシャル・インテリジェンスの研究は、未だその一歩が始まったばかりである。その定義も統一されたものとはいい難く、研究者によっていくつかの捉え方があるなか、本書におけるファイナンシャル・インテリジェンスの目的は、金融機関の貸出先に対するモニタリングフレームワークを通じたリスク評価とした。

　近時、金融機関におけるモニタリングの変化への対応、長期貸付における貸出先の戦略分析等が課題となっている。本章では、貸出先の財務や担保におけるリスク評価のためのモニタリングフレームワークについてインテリジェンス手法を用いて示唆した。具体的には、運転資金フロー、設備資金フロー、製品・サービス、経営者のプロファイリングの4つを用いたフレームワークである。

　運転資金フローは、資金化サイクルを中心としたリスク検証である。しかし、本書では基本的な考え方の提示に留めており、十分な答えを用意してい

---

12) David B.Yoffie, Jeff Cohn, David Levy, Apple Computer 1992, President and Fellows of Harvard College, N9-792-08 1,1992, 4/15/92,p.2.

13) Lyle M. Spencer and Signe M. Spencer, Competence at work: models for superior performance, John Wiley & Sons, Inc., 1993,p.9.

ない。設備資金フローはフリーキャッシュフローによる NPV の算出を提案している。しかし CAPM の算出をはじめとして適正な金利を算出する点において技術的な困難さが課題として残っている。これらは今後の課題である。

　製品サービスでは、戦略との関係性を重視し、Porter の Four Corners model による貸出先における企業戦略の検証を提案した。経営者のプロファイリングでは、経営者の経歴やパーソナリティー分析をあげた。貸出先の企業戦略の検証や経営者のプロファイリングは、貸出先の意思決定を予想するツールとして有効に機能するであろう。本書であげたいくつかの分析手法は、代表的なものではあるが、あらゆる想定に対応しうるものではないため、ファイナンシャル・インテリジェンスのフレームワークに関しては、今後もさらなる研究が必要である。

第 5 章
中小企業の資金調達における自律化への提言

　本章では、中小企業が資金調達するにあたっての課題として、中小企業の財務に関わる会計制度を整理し、中小企業のあるべき会計制度と銀行審査への影響を概観する。そして、動産債権担保が発展するための信用保証制度について考察する。米国の中小企業の資金調達におきて信用補完機能を担っている SBA を例に挙げた後、我が国の中小企業の信用補完を担う信用保証制度を取り上げる。信用保証制度と同協会の動産債権担保貸出である「流動資産担保融資」の特徴を整理しつつ、動産債権担保の貸出が信用保証制度と共存することにより中小企業の新たな貸出手法として展開する可能性を考察する。

第 1 節　中小企業のあるべき会計制度

　2002年、「証券取引法」（2006年からは金融商品取引法に変更）は、国際的な会計との整合性のある基準を求められていた。当時、「証券取引法」の適用を受ける企業が商法会計との二重の計算処理を負担することに配慮し、商法においても国際的な会計に対応すべく規定されてきたが、国際的な会計基準へ機動的に対応するため、2002年の商法改正以降は、財産の評価方法、繰延資産、引当金に関する規定を法務省令に定めている。同年の国会審議において衆議院および参議院では、計算関係規定を省令で規定する際に「証券取引法」に基づく会社規定等の適用がない中小企業に対して過度な負担を課すことのないよう必要な措置をとる旨、附帯決議が行われた[1]。

　2002年 3 月、中小企業庁によって「中小企業の会計に関する研究会」が設

置され、同年6月に中小企業の会計の望ましいあり方として『中小企業の会計に関する研究会報告書』によって『中小企業の会計』が公表された。

税理士の全国組織である日税連は、2002年12月に税理士の計算書類作成等の規範とする『中小会社会計基準』を公表した。会計処理の法規として法人税法上の所得計算規定とその取り扱いを記した法人税基本通達や法人税法の法令を参考とし、税理士の実務指導や実態に即した基準となっている。

会計士協会においては、2003年6月に『中小会社の会計のあり方に関する研究報告』を公表した。適正な計算書類を作成するうえで基礎となる会計基準は会社の規模に関係なく1つであるべきであるが、その適用方法には簡便法を認めるという考え方である。

2005年8月にASBJ、会計士協会、日税連および日本商工会議所の連名によって『中小企業の会計に関する指針』(以下、中小指針とする)が公表された。2005年の会社法に会計参与制度が導入されたこともあり、「中小企業のための会計」よりもむしろ「会計参与のための会計」へと視点を変えさせたものとなっている[2]。中小会計指針は、目的において「会計参与が取締役と共同して計算書類を作成するに当たり、拠ることが適当な会計のあり方を示すものである」としており、「総論」と「各論」により構成されている。「各論」においては、「企業会計原則」、「企業会計基準」、「会計制度委員会報告」等が基礎となっており、大企業向けの会計基準と言える[3]。換言すると、金融商品取引法の会計基準に近づいたものともいえる[4]。

2012年2月、ASBJ委員長、日本商工会議所等中小企業の団体の役員、大学教員からなる『中小企業の会計に関する検討会』により『中小企業の会計に関する基本要領』(以下、中小会計要領とする)が公表された。中小会計要領は、総論、各論、様式集により構成されている。総論における大きな特

---

1) 品川芳宣『中小企業の会計と税務：中小会計要領の制定の背景と運用方法』大蔵財務協会、2013年、6頁。
2) 前掲、品川芳宣『中小企業の会計と税務：中小会計要領の制定の背景と運用方法』、24頁。
3) 河崎照行、万代勝信編著『詳解中小会社の会計要領』中央経済社、2012年、8頁。
4) 前掲、品川芳宣『中小企業の会計と税務：中小会計要領の制定の背景と運用方法』、27頁。

徴として、第1に、各論で示していない会計処理等の取り扱いを企業会計基準、中小指針、法人税法、その他一般に公正妥当と認められる企業会計の慣行の中から選択して適用することができ、柔軟性が非常に高いことが挙げられる。第2に、国際会計基準との関係について、国際会計基準の影響を受けないとしている。第3に、利用上の留意事項として、企業会計原則の一般原則である真実性の原則、資本取引と損益取引の区分の原則、明瞭性の原則、保守主義の原則、単一性の原則に加え、同原則の注解における重要性の原則を挙げている。なお、一般原則における継続性の原則および正規の簿記の原則は中小会計要項の留意事項ではなく総論において示している。

　中小会計要領という方向性が定まったが、利害関係者である金融機関の審査においては保守主義の原則が重視されている点から税法基準との矛盾点が残っており、中小企業の会計情報のディスクローズおよび金融機関による企業実態を把握するための会計情報のヒアリングによる双方によるリレーションシップの必要性がある。

第2節　中小企業貸出の審査

　金融機関は、確定決算書を実数分析および比率分析により、時系列や業種平均等の対象と比較することで企業業績の状態を判断する。確定決算の科目明細については、取引先の情報が記されており、信用状態を確認することがある。加えて、税務申告書との整合性や月次試算表との比較から確定決算書との整合性を確認することがある。特に業績の変動については、月次決算書から読み取ることができるため重要性が高い。

　貸手と借手の情報の非対称性が課題となることがある。貸手がメイン銀行でない場合、情報の不足を補うためにメイン銀行の貸出残高の増減から当該企業の業況を類推することがある。たとえば、急激な残高の減少により借手の業績の悪化を推測する等である。財務諸表以外には、借手の経営者の属性、企業の従業員、取引企業との決済条件、競合企業、製品・サービスの市

場性、知的所有権等についても審査がなされる。

　貸手は、十分ではなくても財務諸表から企業の実態をある程度捉えることが可能である。しかしながら、借手がどのような会計制度を選択しているのか、という点において注意が必要である。前述の通り、中小会計要領は、その目的において、利害関係者に必要な会計事実を明瞭に表示することになっており、財政に不利な影響があれば、これに備えた保守的な会計処理をすべきとしていることから貸手の審査にも適した会計制度といえよう。研究者間においても企業会計原則が慣習として定着していることから「中小会計の要領」は使い易さが評価されている[5]。

　中小企業においては、必ずしも経理担当がいるわけではなく、いたとしても十分な会計の知識を有していないため税理士に任せている場合がある。こうした場合、税理士による会計処理は税法基準に偏る可能性はないだろうか。中小会計要領においても税法基準は許容されており、利害関係者である貸手の要求する保守主義の原則に適っていない場合がある。たとえば、税法基準では減価償却を必ずしも必要としていない（法人税法第31条1項）、その他、貸倒損失として処理できる場合は限定されている（法基通9-6-1〜3）等が挙げられる。このような場合、貸手は借手や借手の税理士にヒアリングにより確認しなければならない。貸手は、保守主義の原則に沿って財務諸表を修正し、審査することになる。

　金融機関は、財務諸表だけでは、十分な経営の実態を把握することが困難であることから、貸出審査やモニタリングに対して前章のファイナンシャル・インテリジェンスの視座を取り入れることも1つの方法である。

---

[5] 河崎照行「日本における中小企業会計の現状と課題」『甲南会計研究』6、2012-03、1-9頁。

第3節　米国の信用保証制度

1　SBAの概要

　米国の中小企業は、統計上概ね従業員500人未満を指している[6]。米国の中小企業は米国 GDP（Gross Domestic Product）の46％を産出しており、重要な産業分野なっている[7]。

　SBA（The U.S. Small Business Administration；米国中小企業庁）は、1953年、連邦政府の独立機関として作られた。SBAのミッションは、自由競争を保護し、米国の経済全体を強化・維持するために中小企業の利益の課題である援助、助言、支援、そして保護をするとしている[8]。

　中小企業は大企業との相対において債務不履行のリスクが高いことから資金調達が困難であるとされる。SBAは、金融機関への貸出保証を通じて間接的に中小企業の資金調達を支援している。

2　SBAの信用補完制度

　SBAは、政府支出を抑制する目的でSBAの直接貸出ではなく、金融機関等の貸出保証を主に行っている。SBAの代表的な投融資の保証等のローンプログラムは、7(a)、504/CDC、マイクロ、SBIC（Small Business Investment Company）の4つである。

　7(a)ローンプログラム[9]は、SBAが中小企業の信用リスクを保証するものである。15万ドル以下は85％、15万ドルを超える場合75％である。同ロー

---

6) Natalie Soroka Trade and Economic Analysis Industry and Analysis Department of Commerce International Trade Administration, "U.S. Trading Companies, 2012," November 2014, November 2014, p.2.
 （http://www.trade.gov/mas/ian/build/groups/public/@tg_ian/documents/webcontent/tg_ian_004048.pdf, Visited at 20160128.）

7) Kathryn Kobe Economic Consulting Services, LLC,"Small Business GDP: Update 2002-2010," SBA, January 2012, p.4.
 （https://www.sba.gov/sites/default/files/rs390tot_1.pdf, Visited at 20160128.）

8) SBA, "Mission".
 （https://www.sba.gov/about-sba/what-we-do/mission, Visited at 20160120）

ンプログラムは、運転資金、固定資産購入、事業買収を目的とした資金への融資である。貸出金額の上限は5百万ドルであり、一般的に返済期間は返済能力の範囲内であり、長いもので10年以内である。設備資金の場合25年以内とすることがある。

　図表5-1は、2016年度第1四半期SBA7(a)貸出のアクティブな金融機関10社である。中小企業への7(a)ローンの貸出金額が多い順に金融機関記されている。

---

9) Section 7 (a) Loans to small business concerns; allowable purposes; qualified Business; restrictions and limitations (1) In general (B) Background checks of the Small Business Act, U.S. Code Chapter Title 15 Commerce and Trade 14A Aid to Small Business 636 Additional powers (a) Loans to small business concerns; allowable purposes; qualified business; restrictions and limitations (1) In general (B) Background checks.
（https://www.sba.gov/sites/default/files/SBA%20Form%201919%204-28-14_review.pdf、Visited at 20160128）

図表5-1　SBA 7（a）貸出のアクティブな金融機関
（2016年度第1四半期）

Rank	Lender	Number of Loans	Total Loans
1	Wells Fargo Bank, National Association	2,379	$436,645,500
2	Live Oak Banking Company	259	$305,557,000
3	U.S. Bank National Association	739	$163,892,600
4	JPMorgan Chase Bank, National Association	783	$162,030,900
5	The Huntington National Bank	834	$131,241,300
6	Celtic Bank Corporation	304	$88,466,300
7	Newtek Small Business Finance, Inc.	106	$88,378,000
8	Ridgestone Bank	77	$75,822,200
9	SunTrust Bank	113	$63,873,500
10	Stearns Bank National Association	189	$63,630,300

（出所）SBA, "100 Most Active SBA 7（a）Lenders".
（https://www.sba.gov/lenders-top-100?order=total_loans&sort=asc, Visited at 20160128.）

　504/CDC（Certified Development Company）ローンプログラムは、地域の経済発展に貢献する非営利法人であるCDCを通じて融資を行う。SBAは、CDCによる504融資全額を債務証書により保証する。金融機関はSBAの保証を得ることはできないが、担保は第1順位を得て、CDCは第2順位の担保権を得る。金融機関は50％までのプロジェクト資金を提供し（優先担保を有する）、CDCが資金の40％までを提供する（劣後の担保とSBAの100％保証の保証債務証書を有する）。借手は借入額の少なくとも10％は頭金として用意しなければならない。CDCはSBAの保証債務証書を投資家に売

却することで貸出金利を低くすることができる。同ローンプログラムは、固定資産の購入を目的とした資金の融資の提供である。満期5年または10年の米国債の市場金利の固定金利である。多くの場合貸出上限金額は5百万ドルである。

図表5-2は504/CDCローンプログラムの概要である。金融機関は、50％の融資に対して優先担保を有する。CDCは、SBAの保証によって保証債務証券として債務を売却する。

図表5-2　504/CDCローンプログラムの概要

```
                                        ┌─────┐
                                        │ SBA │
                                        └──┬──┘
                                      100％保証
                                           │
                 融資 40%         ┌─────┐ 保証債務証券  ┌─────┐
              ────────────→      │ CDC │ ←──────────→ │ 市場 │
              元金・利息           └─────┘    資金       └─────┘
┌────────┐                       劣後担保  元金・利息
│中小企業│ ── 融資 90% ──
└────────┘                 融資 50%    ┌────────┐
                        ────────────→  │金融機関│
                          元金・利息    └────────┘
                                        優先担保
```

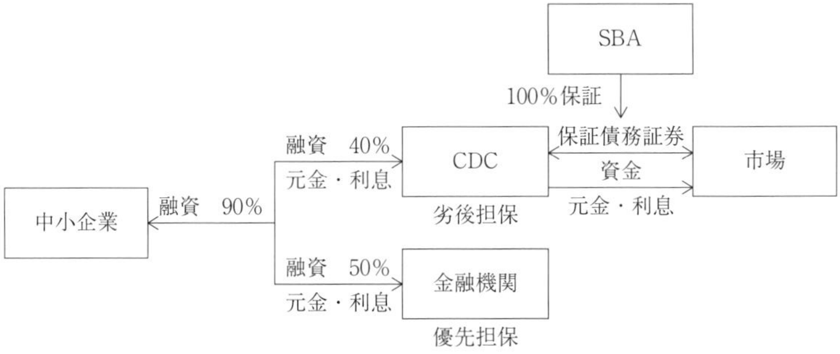

（出所）筆者作成

マイクロ・ローンプログラムは、新規創業中小企業および従業員5人以下のマイクロビジネスに対するSBAの直接融資プログラムである。資金は、地域社会の非営利団体の融資仲介会社を通じて融資が行われる。仲介会社は、SBAに融資金額に対する担保の提供が必要となる。同ローンは、運転資金、仕入資金、備品、機械設備を目的とした資金への融資である。SBAが地域社会に基盤を置いた有資格の金融機関に融資し、金融機関が中小企業等に融資する。貸出金額は5万ドルを限度に6年以内に返済することが条件となっている。

SBICローンプログラムは1958年に作られた起業家の資本需要と資金調達のニーズを埋めるための投資プログラムである。SBICは、プログラムによ

って得られた政府保証債務と銀行や年金基金や資産家等の投資家の民間投資家から調達した資本を活用することができる。民間投資家はLimited Partners（LPs）[10]としてSBICに資金提供する。例えば、SBICのファンドは投資家からとして1ドル集めるごとにSBAは2ドルまでの債務を引き受け、合計3ドルを中小企業に投資することができる[11]。

図表5-3は、SBICの概要を表している。投資ファンドはSBICとして認可される前に、実行可能性を実証するために民間投資家から資金を調達しなければならない。中小企業庁の資料では、SBICsはSBAに認定されると債権（10年）を発行するとしている[12]。これらの投資家は、多くの場合年金基金、大学基金、保険会社、銀行、富裕層の個人を含んでいる。SBAは、SBICsの債券の元利払いを保証する。一度SBAに認可されると必要に応じていつでも保証を得ることができる。SBAのコミットメントは連邦政府の5事業年度である[13]。SBAはSBICsのファンドを根拠に2倍までのレバレッジによりSBA保証証券（政府保証債券）を発行して市場から資金を調達し、調達した資金をSBICsに提供する。なお、SBAの運営費用はSBICsの収入で賄われ、政府からの補助金が発生しない仕組となっている。

1998年から2008年までのSBICsのプライベート・エクイティのLPsへ配当は投資先のうち上位27％のIRRが28.1％、次の19％の投資先のIRRは15.3％であった。このSBICプログラムを利用して成功した会社として、Costco、Apple、Sun、AOL、HP、Intel、FedEx、Outback Steakhouse等がある。

---

10) 管理責任を負うGeneral partnerおよび出資金額を責任限度として利益配当を受けるLimited partnerによる有限責任組合に相当する。所得はPass-throughによる二重課税が排除され、上場によりLiquidityを高めることができる。
11) SBA, "Office of Investment and Innovation office overview," p.11. (https://www.sba.gov/content/sbic-program-overview, Visited at 20160128.)
12) 中小企業基盤整備機構「2004年度　米国中小企業の実態と中小企業政策」2005年3月、42頁。(http://www.smrj.go.jp/keiei/dbps_data/_material_/b_0_keiei/kokusai/pdf/h16_USA.pdf, Visited at 20160128.)
13) SBIC, "Funding the SBIC Program: An Overview".
(https://www.sba.gov/content/funding-sbic-program-overview, Visited at 20160128.)

図表5-3　SBICの概要

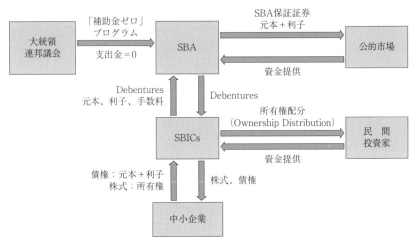

（出所）財務省理財局「財政投融資類似制度（米国・カナダ）調査報告」2014年、24頁。
（https://www.mof.go.jp/about_mof/councils/fiscal_system_council/sub-of_filp/proceedings/material/zaitoa250619/1-2.pdf, Visited at 20160127）

第4節　我が国の信用保証制度

1　信用補完制度

　中小企業が金融機関から借入することは困難が伴うことがある。その理由の1つとして信用リスクが高いという理由がある。民間金融機関の中小企業向け貸出については、景気等の経済的影響等により資金需要と供給のミスマッチが生じることや中小企業と金融機関との情報の非対称性が生じることによって金融機関が貸し出しに消極的になる局面が想定される。中小企業が金融機関から資金調達を補完する制度の1つとして信用保証制度がある。信用保証制度は、公的機関である保証協会が保証し、中小企業の信用リスクを一定程度引き受けることで中小企業の資金需要に円滑に対応することを予定している。具体的には、中小企業の所在地に該当する各都道府県の信用保証協会が金融機関からの借入に対して保証するものである。

なお、ベンチャー企業を含む中小企業の資本金等の資金調達に関する信用補完制度に類似するものとして投資育成制度がある。投資育成制度は、地方公共団体や金融機関が出資、経済産業省が監督する仕組であり、東京、名古屋、大阪にある中小企業投資育成株式会社がファンドを組成し中小企業等に直接資金提供を行っている[14]。投資育成制度は、地域が限定されており、営利法人であることから公的な信用補完制度が確立しているといい難く、信用補完制度としては今後のさらなる検討が望まれる。

2　信用保証協会の概要

信用保証協会は、1937年、東京府、東京市、商工団体、金融機関等の出資により、東京信用保証協会が設立され、現在、各都道府県に51協会がある[15]。信用保証協会は、中小企業者等の信用力を補完し、金融の円滑化を図ることを目的として制定された信用保証協会法（1953年8月10日法律196号）を根拠法としている。信用保証の当事者は、貸手の金融機関、借手の中小企業、保証人の信用保証協会の三者が基本的な当時者である。

信用保証協会と金融機関が中小企業の信用リスクを相互に負担する責任共有制度が2007年にスタートしている。責任共有制度には部分保証方式と負担金方式があり、原則、金融機関が選択することが可能である。部分保証方式は一部の保証を除き、個別貸出金の80％を信用保証協会が保証し、残りの20％を金融機関が保証する方式である。負担金方式は保証当初は信用保証協会が100％を保証するが、代位弁済実績に応じて部分保証方式と同等の負担となるよう金融機関が負担金を支払う方式をいう[16]。なお、後述するABLに対する保証である流動資産担保融資保証制度については、金融機関の選択

---

14)　中小企業庁「平成22年度　中小企業施策利用ガイドブック」。
（http://www.chusho.meti.go.jp/pamflet/g_book/h22/gb024.html, Visited at 20160128.）
15)　信用保証協会『日本の信用保証制度2015年』、2015年9月、2頁。
（http://www.zenshinhoren.or.jp/document/japanese.pdf, Visited at 20150120.）
16)　全国信用保証協会連合会「責任共有制度」。
（http://www.zenshinhoren.or.jp/guarantee-system/hokan.html, Visited at 20160128.）

に拘わらず部分保証制度が適用される。

　信用保証協会では、動産債権を担保とした貸出に対する保証を行っており、その名称を流動資産担保融資保証制度（ABL保証）としている。我が国の中小企業者が有する資産における土地113兆円に対して、売掛債権101兆円、在庫58兆円であり、不動産に代わる担保として着目されている[17]。動産債権担保の貸出は、財務情報の十分でない中小企業においても、売掛金や在庫を担保とすることで貸出が可能となる資金調達の多様性に資する貸出制度である。このことから、信用保証制度の活用と共に動産債権担保貸出を進めることは、中小企業の資金調達にも大きく寄与するものであると考えられる。

　図表5-4は、信用保証協会と関係する機関との相関を表したものである。信用保証制度による信用補完は、信用保証協会が金融機関に対して、中小企業の債務を保証する信用保証制度、および国が出資する日本政策金融公庫によって再保険する信用保険制度の2つによって中小企業の信用リスクに対応している。

17）　財務省「法人企業統計」2012年。

図表5-4　信用保証協会との相関

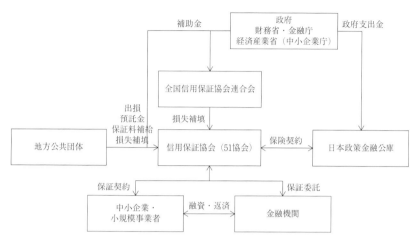

（出所）信用保証協会「日本の信用保証制度2015年」、5頁、および
（http://www.zenshinhoren.or.jp/document/japanese.pdf, Visited at 20160128.）
中小企業庁　中小企業政策審議会基本政策部会「信用補完制度のあり方に関する検討小委員会とりまとめ」、2005年6月20日開催、6頁より作成。(http://www.chusho.meti.go.jp/kinyu/2005/download/050623publiccomment.houkokusyo.pdf, Visited at 20160128.)

　通常の信用保証制度に加えて、地方自治体と保証協会の提携、または地域の金融機関と保証協会による提携による制度融資がある。地方自治体による制度融資は、保証料補給、損失補填を行うことで通常の信用保証制度よりも保証料率を低く設定している。地方自治体による制度融資は、地域の実態等を踏まえて政策判断のもとに実施するものであるが、その性格上事故率が高い制度融資が問題となることがある[18]。

　中小企業の信用補完制度には、日本政策金融公庫と信用保証協会の保険契約の他に政府や地方公共団体から補助金、支出金、出捐、預託金、保証料補給、損失補填等の税金による支出がなされている。前述の通り、米国の信用

---

18)　中小企業庁「信用補完制度のあり方に関する検討小委員会とりまとめ」、2005年6月、23頁。(http://www.chusho.meti.go.jp/kinyu/2005/download/050623publiccomment.houkokusyo.pdf, Visited at 20160128.)

補完制度においては、税金を直接導入せず、政府保証債権等を用いることで税金投入に代わる仕組を用いている。我が国の信用保証制度による中小企業の信用補完は、保険料や回収金の他に国からの多額の資金を受けて運営されており、税金の効率的かつ効果的な活用が望まれている。

3 信用保証制度に関する先行研究

信用保証制度については、これまで信用保証が政策的に有効であったか否かという問題を中心に先行して研究がなされている。竹澤康子・松浦克己・堀雅博[19]は、中小企業円滑化策と倒産・代位弁済の相互関係についての研究成果を述べている。1995年度から2001年度までの中小企業貸出残高、信用保証債務残高、および代位弁済率の連立方程式モデルを都道府県のパネルデータで推計している。結論としては、特別信用保証制度は、中小企業の倒産を一時的に減少させたが、翌期以降の倒産や代位弁済がし、倒産を先延ばしたに過ぎない可能性が高いとしている。

植杉威一郎[20]は、1998年10月から2001年3月まで実施された中小企業金融安定化特別保証制度(以下、特別信用保証制度とする)特別保証についての効果の有無を実証的に分析している。特別信用保証は貸し渋り緩和を目的として実施された。しかし、企業のデフォルトにより全額保証されるため、金融機関の審査やモニタリングのインセンティブが生じないこと、担保や第三者保証を不要としているため経営者の倒産回避の努力をするインセンティブに乏しくなるといった問題が懸念された。論文では、2001年の金融環境実態調査の個票データを用いている。実証での結果の解釈は、次の通りである。①負債比率や長期借入金総資産比率が特別信用保証の利用によって有意に上昇したことから、貸し渋りは緩和されており、有効な政策であったと評価した。②リスクの低い企業においては、特別信用保証の利用が利益率の改

---

19) 竹澤康子・松浦克己・堀雅博「中小企業金融円滑化策と倒産・代位弁済の相互関係―2変量固定効果モデルによる都道府県別パネル分析―」『経済分析』176号、2005年6月、1-18頁。
20) 植杉威一郎「政府による特別信用保証には効果があったのか」『検証 中小企業金融』日本経済新聞出版社、2008年、169-202頁。

善幅をプラスにする。一方、課題は、リスクの高い企業において特別信用保証の利用が利益率の向上に結び付いていないとした。そして、将来性ない企業への延命策との批判がなされた特別信用保証ではあるが、銀行が過度に保身的な行動をすることで貸し渋りや貸し剥がしが生じている状況では、信用保証は有効な政策手段足りうることを示唆している。

安田行宏[21]は信用保証制度が銀行のリスクテイクに与える影響について理論的、実証的分析を行っている。1995年度から2001年度までの都市銀行と地方銀行のパネルデータを用いている。実証の結果、信用保証の利用比率が高まるほど、銀行のリスクテイクを促すこと、および自己資本比率の高い金融機関ほどリスクテイクの抑制効果を持つことを示した。そして、銀行の保身的な行動によって貸し渋りや貸しはがしが生じている場合には、信用保証制度は政策として有効であるとしている。

信用保証制度による中小企業の信用補完は有効であるかという問題については、効果がおよぶ対象、時期、程度等において一概に言えないのではないだろうか。よって、信用保証制度の必要性を否定できないものと考える。

4　信用補完制度のあり方

日米の信用補完制度を比較する中で、いくつかの違いが明らかとなった。米国SBAのプログラムにおいては、政府からの補助金を受けない。米国のSBAは、信用リスクを100％負担することなく、金融機関や中小企業にも負担する仕組をとっている。

7(a)ローンプログラムは、SBAが貸出金額の75％-85％の信用保証を行うものであった。

504/CDCローンプログラムは、金融機関が50％、CDCは40％の貸出をする。CDCは債務証書をSBAの100％の保証債務証書として民間市場で売却する。これにより、金融機関のリスクは優先担保を得ることで減少する。

---

21)　安田行宏「信用保証制度が銀行のリスクテイクに与える影響について」『東京経大学会誌』第272号、2011年12月、3-13頁。

CDCは債務証券を売却することで、貸出が可能となり、差額の金利収入を得ることが可能である。また、共同で貸出することで貸出額の一部のリスクのみを負担することになる。

SBICは、民間投資家がSBICとしてファンドを組成し、中小企業へ投資や融資をする仕組である。SBICのファンド1に対してSBAが政府保証債務として市場で売却して資金調達することで3倍までのレバレッジにより、中小企業への投融資が可能となる。

マイクロ・ローンプログラムは、新規中小企業や従業員5人以下のマイクロビジネスに対して仲介会社を通じて5万ドル以内の貸出を行うものであった。仲介会社はSBAに対して担保の提供が必要である。

米国の信用補完制度は、中小企業の担保提供はもちろんのこと、民間のファンド、仲介会社、金融機関を取り込んでリスク分散を図っている。債務は証券化し、政府やSBAの保証を付することで市場にて売却し、資金調達している。税金を投入せずに市場原理を用いて信用補完が可能となる制度となっている。

第5節　ABL信用保証の考察

1　流動資産担保融資保証制度

信用保証協会の「流動資産担保融資」は、動産債権担保による貸出に対して保証協会の保証を付する制度である。同保証制度は、保証限度額を2億円、保証割合を80％、貸付形式を根保証の当座貸越または個別保証の手形貸付、保証期間1年、根保証の返済方法を随時弁済または約定弁済とし、個別保証を期日一括返済としている[22]。

「流動資産担保融資」の担保は、売掛債権および棚卸資産のみを譲渡担保とし、金融機関と保証協会が準共有する。根保証貸出における対抗要件具備

22）関沢正彦『法人融資手引シリーズ　信用保証協会の保証　第5版』金融財政事情研究会、2015年、120頁。

方法は、売掛債権は民法上の通知または承諾、もしくは動産債権譲渡特例法に基づく債権譲渡登記とする。棚卸資産は動産債権譲渡特例法の動産登記としている[23]。

売掛債権の担保については、設定者が法人である場合、動産債権譲渡特例法登記により、公示機能および第三者対抗要件を具備でき、債務者対抗要件は有事に具備すれば良いという点および多数の第三債務者への通知が有事とならない限り不要である点において優れていると言えよう。設定者が個人である場合には、民法467条2項の通知または承諾が利用されるであろう。

在庫等の動産については、設定者が法人である場合、動産債権譲渡特例法登記は、動産の引渡があったとみなされる公示機能があり、第三者対抗要件を具備できる点において優れている。占有改定による引渡は、公示機能がないため第三者による即時取得の問題が残る。第三者への即時取得を防止する手段としてネームプレートによる対策が挙げられるが、十分とは言い難い。なお、設定者が個人である場合は、極度型の当座貸越を利用することはできない。

「流動資産担保融資」の個別保証においては、売掛債権のみを譲渡担保として対抗要件は民法上の通知または承諾によるものに限っている。手形貸付による個別保証は、保証期間1年、期日一括返済である。法人・個人ともに利用できるが、法人にとっては、極度型の保証の方が使い勝手が良いのではないだろうか。

売掛債権譲渡担保は、売掛金債権、割賦販売代金債権、運送料債権、診療報酬債権、その他の報酬債権、工事請負代金債権である（中小企業信用保険法3条の4第1項）。そのうち売掛金債権が受取手形または電子記録債権により回収されたときは、当該受取手形（化体受取手形）または電子記録債権（化体電子記録債権）も担保の対象にすることができるとする契約を結ぶことを信用保証協会は認めている。化体受取手形、化体電子記録債権について

---

23) 前掲、関沢正彦『法人融資手引シリーズ　信用保証協会の保証　第5版』、121頁。

担保とする点について、中小企業の流動資産を柔軟に捉えており、高く評価できる。

米国では、担保物を処分した後の債権、金銭、代替物について担保権の効力を包括的に認めたプロシーズ（Proceeds）の概念がある（UCC9-102（a）64）。日本では、プロシーズ概念を取り入れていないため、動産や債権等それぞれの状態に応じて適用される法を考慮し、担保設定しなければならない点において動産債権担保の難しさがある。日本にはプロシーズの概念を取り入れていないため、信用保証協会では化体した後の手形や電子債権をも担保とする契約を結ぶことで、法が用意していない担保代替物に対しても担保の範囲を拡張する1つの方法を示唆している。ちなみに、同保証制度において借手の保証人は代表者以外要しない。

モニタリングは、1ヶ月に1回以上、譲渡担保とした棚卸資産の売却代金および売掛債権の弁済金について、貸出前に作成する売掛先明細書および棚卸資産の代金回収予定と、貸出金実行後との大きな違いがないか確認し、モニタリングの結果を記録する。そして、1年に1回以上、債務者の事務所に立ち入って、担保徴求した棚卸遺産の状況を確認し、数量の大幅な変動の有無を目視によりおおまかに確認することが求められる。

モニタリングについては、専門業者のノウハウを活用すると効率が良い。月中の定期的な入金等を監視することによって月例の定期的な入金が把握できる。月例の動きと異なる場合に売上債権の回収もれや他の銀行での回収が行われている等の可能性を検討し、検証しなければならないであろう[24]。その際は、借手へのヒアリングや月次試算表との対比が必要となるであろう。

2　信用保証を付したABLのあり方

信用保証を付したABLについてのあり方については、2つの側面から述べる。1つ目は、現在の保証制度におけるABL保証に関する課題である。

---

[24] ゴードン・ブラザーズ・ジャパン編著『事例研究　アセット・ベースト・レンディング—動産価値を活用した企業金融の仕組み』金融財政事情研究会、2015年、146-147頁。

2つ目は、信用保証制度に対する課題である。

まず、1つ目の課題、現在の保証制度におけるABL保証の課題である。信用保証においては動産債権担保貸出がABL保証に該当する。その課題と対応策は次の通りである。まず、返済原資が売上債権と棚卸資産であるにも拘らず、貸出手法としてリボルビング型に限定しておらず、返済原資からの回収が十分とはいえない点である。当座貸越等コミットメントラインによるリボルビング型の貸出が理論的には望ましく、商流や入金データ等のモニタリングを推し進める上でも、極度型の貸出の定着が望ましいであろう。

次に、回収口座が限定されておらず、返済を厳密に行なわれていない点は改善の余地がある。米国におけるキャッシュ・スイープ方式を導入することも1つの解決手段である。売掛債権の入金口座を1つに決めて、その口座に売上債権に入金を集中させ、貸手が当該入金口座に担保権を設定することが望ましいであろう。なお、キャッシュ・スイープとは、借手の「担保預金口座」に入金された資金を毎日一定時刻に一定額の残額を残す特約をしている場合を除き、「担保預金口座」への入金額の全額を貸手の「ABL返済口座」に自動的に振替える仕組をいう[25]。

2つ目は信用保証制度に対する課題である。我が国の信用保証制度は、中小企業の資金需要ニーズに応えており、その存在意義が高いことは言うまでもない。保証協会が設立されてから79年が経ち、信用補完制度の仕組を見直すことが必要ではないだろうか。前述の通り、米国の信用補完制度は、民間のファンド、仲介会社、金融機関を取り込んでリスク分散を図っている。債務は証券化し、政府等の保証を付け、市場にて売却することで資金調達している。市場原理を取り入れた信用補完制度を検討すべきではないだろうか。売上債権のファンドを組成し政府保証により債券市場で売却することで、資金調達は図れないものだろうか。今後、新たなスキームを通じた信用保証制度の検討が望まれる。

---

25) 前掲、ゴードン・ブラザーズ・ジャパン編著『事例研究 アセット・ベースト・レンディング─動産価値を活用した企業金融の仕組み』、144-145頁。

ABLは、貸出手法としていくつかの技術的な課題が残っており、信用保証制度において課題を踏まえたパッケージ化を図ることは、中小企業の資金調達手段を広げるきっかけとなるであろう。例えば、動産債権担保貸出の課題を検討した上での信用保証制度主導によるパッケージ型の保証制度貸出の導入は金融機関のインセンティブを刺激し、中小企業の資金調達に資する貸出手法の推進を期待したい。

3　信用保証付ABLと一般融資のABLの事例

金融庁が公表した平成20年度（2008年4月～2009年3月）の顕彰事例において信用保証協会の信用保証を利用したABLが地域別にいくつか公表されている。

例えば、大阪府では大阪信用金庫が動産登記制度の確立と信用保証協会のABL保証が制度化されたことをきっかけとして流動資産等を担保とした融資の取り組みを決定している。同信用金庫は、2007年8月の取扱開始以降3先125百万円を実行している。栃木県では、県下の6信用金庫が栃木信用保証協会と提携し、法人を対象に信用中央金庫の信用格付（SDB）を利用して一定以上の要件を有する法人に信用保証制度を利用し事業資金の融資を行っている。一企業2千万円以下、平均月商の3ヶ月以内、期間7年以内で2008年5月より取り扱いを実施している[26]。

全国の信用保証協会にて動産担保を含めたABLは2007年に始まった。信用保証制度のABLは、それまでABLを取り扱っていなかった中小金融機関が取り扱いを開始するに当たっての呼び水となっている場合がある。

例えば、埼玉県の信用保証付ABL第一号は、2007年9月末に埼玉りそな銀行が美容関連商品開発会社に3千万円を融資している[27]。

大阪府の信用保証付ABL第一号は、2008年1月に大阪信用金庫が仏具販

---

26) 金融庁「地域密着型金融に関する取組み事例集―平成20年度顕彰事例を中心に―」2009年3月、84頁、88頁。
27) 「埼玉りそな銀・県保証協会、棚卸資産担保、県内初のABL保証融資」『日本経済新聞』地方経済面埼玉、2007年10月11日、40頁。

売企業に対して期間2年、5千万円を融資した[28]。

　日本経済新聞のデータベースに対してABLをキーワードとして検索すると、2004年5月7日の三井住友銀行の中堅企業向けの売掛金担保の融資（ABL）を除き、動産を担保としたABLは2006年7月1日の福岡銀行、熊本ファミリー銀行および商工中金の三行協調型のABLを始めとして、ABLの情報量が増加している。すなわち、ABLの取り組みが早い銀行は、2006年代から始めており、信用保証制度においてABLが取り扱われるようになってからABLを導入する銀行は後発であるといえる。信用保証付でなくてもABLを実施しているケースは次の通りである。

　例えば、鹿児島県の信用保証付ABL第一号は、南日本銀行が農産物加工販売会社に58百万円の当座貸越契約を締結した。信用保証枠はその80％である。同銀行は、信用保証付ABLを融資する前に仏壇仏具製造業者や産業廃棄物業者にABLを融資した実績を有している[29]。

　東北の信用保証付ABL第一号は、2008年2月に東北銀行がコメを担保とし、宮城県信用保証協会の流動資産担保保証制度を利用し、融資枠を設定した[30]。同銀行は、2006年7月に宮城県のフカヒレ加工企業に在庫を担保とした融資枠3千万円設定している。東北銀行の本店所在地の岩手県において、当時、地銀単独のABLは同県初であった[31]。

　近時の中小企業向けABLについて、信用金庫において正常先および要注意先クラスが中心であり、モニタリングを重視しつつ中小企業の経営実態把握を強化することで譲渡登記を行わない無担保融資として取り扱われているという報告がある[32]。同報告書には、コストや事務負担を削減する効果があ

---

28)「売掛金担保に融資、大阪信金、仏具会社向け、中小取引拡大に弾み」『日本経済新聞』地方経済面近畿B、2008年1月29日、10頁。
29)「南日本銀、冷凍加工野菜担保に融資、信用保証協の制度活用」『日経金融新聞』2007年10月25日、4頁。
30)「動産融資の枠組み多様化、フカヒレやトラックも担保―地銀、外部審査でリスク減」『日本経済新聞』地方経済面東北A、2008年3月7日、2頁。
31)「東北銀、動産担保に融資枠、ヨシエイ加工向け3000万円」『日本経済新聞』地方経済面東北B、2006年7月26日、4頁。

ると記されており、信用保証協への保証料、担保評価会社への手数料、登記費用や手数料等のコストや事務負担が中小金融機関の融資行動のネックになっていると考えることができる。

　しかしながら、無担保融資をABLとすると、担保の範囲内で貸出をするというABLの本質から大きく離れることになる。無担保融資を行った企業に対して、リスク回避のために企業の事業をモニタリングすることは当然になされるべきものである。事業性を評価して無担保融資をすることは、企業の将来性を評価して融資することであり、担保があるから将来性に不安があっても融資できるABLとは本質が異なっている。

　この他、近時の地方自治体の取り組みとして、中小企業事業者にABLを推進している地域もある。千葉県では動産担保融資制度（ABL）を2015年7月から開始している。なお、信用保証協会の保証を不要とし、担保設定に関わる手数料を融資額の4％を限度として補助している。

　信用保証制度は中小企業の資金調達に正の影響を与えているものの、ABLの融資額に対して一律に保証料を課す現行の保証料率については、検討の余地があるであろう。近時、信用保証制度の見直しについては、責任共有制度や保証料を主として行政による検討が行われている[33]。例えば、前述した米国のSBAにおける504/CDCローンプログラムのあるように、貸出先の経営に万一のことがあれば、ABLの優先担保部分は金融機関がリスクを取り、劣後部分を保証協会がリスクを取る等の仕組みを検討する余地があるであろう。なお、SBAプログラムでは劣後部分の債権は政府保証により市場で売却することでリスクを分散し、税金を投入せずに中小企業の資金調達需要に対応している。

　ABLの実施により企業の自律化が進む理由は次の3点である。1つ目に、必ずしも決算書に縛られず、金融機関の財務分析の評価基軸や金融機関の一

---

32)　竹村秀晃「京都信用金庫がABLの先駆者と成り得た理由―無担保融資と眠わない目利き力による事業性評価―」『信金中金月報』第14巻第9号（514号）2015年8月、40頁。
33)　中小企業庁「中間整理（論点整理と方向性）（案）」2015年12月10日。

方的な将来性の評価に縛られないということである。ABL は担保評価により融資額が決定されるため、財務諸表は副次的なものとなる。2つ目に、ABL の導入により、担保や保証人からの部分的に解放されることにある。例えば、担保については、在庫や売掛金等の多様性が生じており、専門業者によって評価されることが可能となった。すなわち、市場で担保価値が評価されることになり、不動産のように必ずしも金融機関による評価に頼らなくても良くなったことがあげられる。また、保証については、事業承継において従来であれば事業承継の後継者が借入金の連帯保証人となることが慣習であったが、過度な経営者保証を排除する「経営者保証ガイドライン」が普及してきたことに加え、ABL により事業全体を担保とすることで事業承継の後継者を連帯保証としないケースがある[34]。3つ目に、中小企業が自ら事業について定量的に貸手に説明することによって、従来よりも事業を客観的に理解し、改善するきっかけとなることである。例えば、第三者による在庫評価を行うことで、自社では知らなかった在庫の市場価値を理解することがある。これにより不良資産や不要な在庫を圧縮するための判断が可能となることがあげられる。そして、第三者評価により商品別の利益率を再認識することによって、仕入れるべき商品や販売すべき商品の意思決定にも役立つことになる。

---

34) 久保田清「第4回特定非営利活動法人日本動産鑑定賛助会員の集い」特定非営利活動法人日本動産鑑定講演会資料、2015年2月13日、7-8頁。

終 章
結論と今後の課題

第1節　中小企業の資金調達における自律化に向けて

1　中小企業の自律化を支える論点

　本書では、中小企業の資金調達における自律化を支えるものとしてABLを取り上げて日米を比較した。1つ目は、日米比較においては、経済環境や商習慣の相違および担保における法制の違いである。2つ目は、金融機関の審査について新たな視座としてインテリジェンス活動の導入を取り上げた。3つ目は、信用保証制度を利用したABLによる中小企業の資金調達の多様化への示唆である。

　1つ目は、日米比較においては、経済環境や商習慣の相違および担保における法制の違いを取り上げた。まず、経済環境や商習慣の相違である。日本における課題として、①動産の評価や動産担保処分に関わる専門業者が十分とはいえない、②米国のロックボックスにあたる売掛金等の回収システムが未整備である、③モニタリングコスト等の費用を吸収できる金利水準になっていない、④コベナンツを機能させるための財務情報が十分とはいえない、⑤親事業者から下請事業者が受け取る債権に譲渡禁止特約が付されており譲渡性が阻害されているという5点を挙げた。

　金融機関のモニタリングノウハウの不足については、専門業者を活用することが有効ではないだろうか。専門業者を使うことで、やがて自社にもノウハウが蓄積する可能性もあり、場合によっては、専門業者に外注することが効率的である可能性もある。

　次に、担保における法制度の相違である。日本のABLに関わる法制度

は、米国の法制度を大幅に取り入れたものであるが、未だに十分とはいえない。米国の担保法は原則 UCC の規定による。その特徴は、①原則、簡潔な登記による第三者対抗要件の具備、②担保物を処分した場合でも、その代替物に担保権が及ぶとするプロシーズ概念、③チャプター11における担保権の救済措置である。これに対して日本の担保制度は、①動産および債権の対抗要件を具備するための登記記載事項が厳格な上、変更ができない、②プロシーズ概念がなく、動産譲渡担保、集合動産譲渡担保、債権譲渡担保等、担保物が代替した場合には、適用する法が異なる、③企業再生型の倒産法制においては、チャプター11のように担保権を保護する規定がない。2つ目は慣習・法制度等の課題である。

　法制度の課題として、売掛債権か、その代替物か、によっても適用される法が異なり、法に関わる技術的な課題が山積している。債権譲渡特例法においても記載すべき事項が多い上に変更ができないという課題も残されており、貸手のインセンティブが阻害される可能性がある。これについては、包括的に担保を補足する概念である米国のプロシーズの導入が望ましいであろう。

　2つ目は、金融機関の審査について新たな視座としてインテリジェンス活動の導入である。中小企業の不透明な財務情報の問題に対して、新たな視座としてファイナンシャル・インテリジェンスの利活用の可能性を示唆した。本論文においては、ファイナンシャル・インテリジェンスを「金融機関の貸出先に関わる財務、担保のモニタリングによるリスク評価」と定義した。インテリジェンス手法を用いた、運転資金のリスク評価、設備資金のリスク評価、製品・サービスのリスク評価、経営者のプロファイリングによる4つの視点のモニタリングのフレームワークの利活用を提案した。財務情報の不透明な中小企業を審査する上でファイナンシャル・インテリジェンスが金融機関のリスク回避に資することで不透明な財務情報を有する中小企業の審査において一定の効果を期待するものである。

　3つ目は、信用保証制度を利用した ABL による中小企業の資金調達の多

様化への示唆である。信用保証協会は、中小企業の信用リスクを補う目的で信用保証を実施している。ABL に関しては、「流動資産担保融資制度」が規定されている。担保物を処分した場合の化体物にも担保とする等いくつかの点において評価できるものと、いくつかの問題点が共存しており、改善されることが望ましい。しかしながら、中小企業の信用リスクを補う点において信用保証制度は優れており、今後も中小企業の資金調達の自律化につながるものと考えられる。

2　本研究の成果

　本論文が学会への研究水準の向上に寄与した点は、次の3点である。まず、1点目は、ABL の担保における課題を示唆し、その対応について提言した点である。米国においては返済物が動産か債権かという状態に拘らず借入に対する返済の原資であるという意義を重視していることに対して、日本は担保が債権か動産かという状態によって対応する法を適用する方式をとっていることである。これは、判例法と制定法との本質的な違いであろう。担保が何かという意義を担保に求める米国と担保物そのものに着目する日本との違いが示唆された。事業の仕入、販売、資金化という流れにおいて、その状態は流動的である。日本では、いったん流れを止めて、その状態が担保として予定されている場合には担保とする。一方、米国は担保物の状態に拘らずプロシーズとして担保を捉えることが法によって予定されている。日本の担保は、将来の担保物の状態を想定し、さらにさまざま状態によって適用する法が異なるため ABL の契約にあたって担保法について専門的な知識が必要となるであろう。

　近時、問題となっているのは、動産債権譲渡特例法登記の登記事項に担保物、範囲、場所等の厳密な指定が必要となっており特定ができない場合に担保権者は担保をすることができないことである。動産債権譲渡特例法登記の判例の蓄積が十分とはいえず、担保権者はリスクを覚悟しなければならず、ABL を扱うインセンティブが働きにくくなると考えられる。さらなる ABL

の普及発展には、担保物の状態に拘らず担保権を認めるプロシーズに類似する概念の導入が望ましいものと考える。

2点目は、金融機関の審査について新たな視座としてファイナンシャル・インテリジェンス活動の導入を提起したことである。米国では、コンペティティブ・インテリジェンスの一分野として、ファイナンシャル・インテリジェンスが着目されている。ファイナンシャル・インテリジェンスの研究は、米国を中心に活発な研究がなされている[1]。

本論文における金融機関のファイナンシャル・インテリジェンスとは「貸出先の事業のモニタリングによるリスク評価」である。金融機関のファイナンシャル・インテリジェンスが必要となる理由は、主として金融環境の変化による。近時の事例としては次の3点を挙げることができる。①貸出におけるモニタリングの重要性が増したことへの対応、②効率的な意思決定の要請への対応、③重要な貸出判断に必要な戦略分析の要請である。

3点目は、中小企業の信用リスクを補完する信用保証制度に着目し、ABLの普及への提言としたことである。米国ではSBAが中小企業の信用補完を担っており、日本では信用保証制度が中小企業の信用補完を担っている。米国ではABLを対象とした保証制度はないものの、在庫や売掛金等を担保とした融資への保証がなされている。日本では、債権譲渡禁止特約等商習慣上の課題もあることからABLを対象とした保証制度をさらに充実させ、貸手のインセンティブを高めることでABLを普及させることは、中小企業の資金調達の自律化に資するものと考える。

第2節　今後の課題

日米の金利に関わる問題において、プライムレートに対する貸出金利の適

---

[1] 2015年5月の米国SCIP（Strategic and Competitive Intelligence Professionals）学会においてファイナンシャル・インテリジェンスをテーマとした発表がなされている。研究者と意見交換を実施した結果、米国の金融機関を中心に利用されていることが分かった。

用については日米で大きな差が生じていた。この問題に対しては、いくつかの仮説が成り立つであろう。銀行間の競争状態や企業の収益性等が考えられる。本論文では、この点において言及していない。次に、金融機関の審査・モニタリングのフレームワークにおいては、運転資金需要に対する審査基準として十分な答えを用意していない。金融機関の審査について新たな視座としてインテリジェンス活動の導入には、今後、実証的な知見が必要となるであろう。そして、信用補完制度においては、米国SBAの政策対応についての批判等への言及がなされておらず、今後の研究課題としたい。

参考文献

〈和書・和雑誌等〉

浅沼萬理、岩崎晃訳『市場と企業組織』日本評論社、1980年、52頁。
青木則幸「アメリカ法における倒産法によらない金銭債権の回収方法について」池田真朗、中島弘雅、森田修編『動産債権担保―比較法のマトリクス』商事法務、2015年、111-131頁。
青山和正『精解中小企業論　変容する中小企業を解読する』同友館、2011年、189-195頁。
青山大樹編著『詳細　シンジケートローンの法務』きんざい、2015年、377頁。
粟田口太郎「倒産手続における ABL 担保権実行の現状と課題―再生手続における集合動産譲渡担保権の取扱を中心に―」『金融法務事情』1927号、2011年8月84-94頁。
池田潔『現代中小企業の自律化と競争戦略』ミネルヴァ書房、2012年。
池田真朗、中島弘雅、森田修編『動産債権担保―比較法のマトリクス』商事法務、2015年。
池田真朗『新標準講義民法債権総論第2版』慶應義塾大学出版会、2013年、7-8頁。
池田真朗『債権譲渡の発展と特例法―債権譲渡の研究　第3巻―』弘文堂、2010年。
石田穣『担保物権法』信山社、240頁、前掲19、102頁。
伊藤進『担保制度論』信山社、2005年、329頁。
伊藤眞「集合債権譲渡担保と事業再生型倒産処理手続　再考―会社更生法手続との関係を中心として」『法曹時報』第61巻9号、2009年9月2757-2791頁。
E. ロジャース『技術革新の普及過程』翔泳社、1966年、112頁。
植垣勝裕、小川秀樹『一問一答　動産・債権譲渡特例法三訂版増補』商事法務、2010年、85頁。
植杉威一郎「政府による特別信用保証には効果があったのか」『検証　中小企業金融』日本経済新聞出版社、2008年、169-202頁。
内田浩史『金融機能と銀行業の経済分析』日本経済新聞社、2010年、52頁。
内田浩史、小倉義明、筒井義郎、根本忠宣、家森信善、神吉正三、渡部和孝「企業環境変化と金融機関の在り方：日本の企業ファイナンスに関する実態調査（2014年）の結果概要」経営研究、No.61、2015年3月、24-25頁。
江口浩一郎『信用保証　第3版』金融財政事情研究会、2005年。
M.E. ポーター『新訂　競争の戦略』ダイヤモンド社、2001年、17-18頁、55-63頁、73-99頁。
ABL 協会「ABL 協会設立趣意書」。
　　（http://www.moj.go.jp/content/000076178.pdf, Visited at 20151025.）
ABL 実務研究会、奥野総合法律事務所・外国法共同事業『実行の手引き　融資から回収まで』経済法令研究会、2015年。
大熊正哲、森映雄「信用保証と代位弁済の地域格差―都道府県別パネルデータによる実証分析―」靜野一治編『金融・通貨制度の経済分析　早稲田大学現代政治経済研究所研究叢書』早稲田大学出版部、2008年、61-92頁。
小野秀誠「債権譲渡における画一性と相対性」清水元、橋本恭宏、山田創一編『平井一雄先生喜寿記念　財産法の新動向』信山社、2012年、362頁。

小野有人『新時代の中小企業金融』東洋経済新報社、2007年。
小野有人、西川珠子「米国におけるリレーションシップバンキング」『みずほ総研論集』Ⅲ号、2004年、24頁。
加賀山茂『現代民法担保法　現代民法シリーズ４』信山社、2009年、33-35頁。
鹿野嘉昭『日本の中小企業』東洋経済新報社、2008年。
河上正二『担保物権法講義』日本評論社、2015年、315頁。
河崎照行「日本における中小企業会計の現状と課題」『甲南会計研究』6、2012-03、1-9頁。
河崎照行、万代勝信編著『詳解中小会社の会計要領』中央経済社、2012年、8頁。
金城亜紀『事業会社のためのABL入門』日本経済新聞社、2011年。
金融庁『経営者保証に関するガイドライン」Q＆Aの一部改定について』2014年10月。
金融庁『「経営者保証に関するガイドライン」の公表』2013年12月。
金融庁検査局『金融検査マニュアルに関するよくあるご質問（FAQ）別編《ABL編》（平成25年6月4日）』、2013年、27頁。
金融庁『地域密着型金融の機能強化の推進に関するアクションプログラム（平成17～18年度）』2005年3月。
銀行研修社編『動産担保融資事例集』銀行研修者、2007年。
忽那憲治「中小企業金融と信用保証制度」堀江康煕編著『地域金融と企業の再生』中央経済社、2005年、191-213頁。
倉部真由美「再建型倒産手続におけるABLと担保実行の中止・禁止」池田真朗、中島弘雅、森田修編『動産債権担保―比較法のマトリクス』商事法務、2015年、133-152頁。
グレゴリー・エフ・ユーデル『アセット・ベースト・ファイナンス入門』金融財政事情研究会、2007年。
経済産業省『GCM及びABLの現状と普及促進に向けた課題の調査等』、2015年3月。
　　（http://www.meti.go.jp/meti_lib/report/2015fy/001075.pdf, Visited at 20151025.）
経済産業省経済産業政策局産業資金課『平成22年度調査　ABLの概要と課題』日本銀行金融高度化セミナー、2011年。
　　（http://www.boj.or.jp/announcements/release_2011/data/rel111205a3.pdf, Visited at 20130107）
経済産業省『動産・債権担保融資（ABL）の普及・インフラ構築に関する調査研究』、2008年3月、（http://www.meti.go.jp/committee/summary/0004471/report01.html, Visited at 20151025.）。
経済産業省『平成19年度動産・債権担保融資（ABL）インフラ整備調査委託事業、「動産・債権担保融資（ABL）の普及・インフラ構築に関する調査研究　報告書　テキスト　編　」』（http://www.meti.go.jp/committee/summary/0004471/g80430a03j.pdf, Visited at 20130106）。
今喜典『中小企業金融と地域振興』東洋経済、2012年。
ゴードン・ブラザーズ・ジャパン編著『事例研究　アセット・ベースト・レンディング―動産価値を活用した企業金融の仕組み』金融財政事情研究会、2015年、146-147頁。
産業構造審議会産業金融部会『産業金融部会中間報告』2003年6月。
執行秀幸「担保法における消費者保護―米国統一商事法典第9編に関する消費者保護を中心に―」清水元、橋本恭宏、山田創一編『平井一雄先生喜寿記念　財産法の新動向』信山社、2012年、3-39頁。

参考文献　137

品川芳宣『中小企業の会計と税務：中小会計要領の制定の背景と運用方法』大蔵財務協会、2013年、6頁。

佐竹隆幸『MINERVA 現代経営学叢書33　中小企業存立論―経営課題と政策の行方―』ミネルヴァ書房、2008年。

清水元、橋本恭宏、山田創一編『平井一雄先生喜寿記念　財産法の新動向』信山社、2012年。

商工中金「流動資産一体担保型融資（アセット・ベースト・レンディング）」第1号案件を実行－事業のライフサイクルを主眼とした中小企業の資金調達の新展開－平成17年5月26日　」。(http://www.shokochukin.co.jp/newsrelease/nl_abl.html, Visited at 20151025.)

商工中金「流動資産一体型担保融資（アセットベースト・レンディング）第1号案件を実行　」、2005年。(http://www.shokochukin.co.jp/newsrelease/nl_abl.html, Visited at 20141129.)

信用保証協会『日本の信用保証制度2015年』、2015年9月、2頁。
(http://www.zenshinhoren.or.jp/document/japanese.pdf, Visited at 20150120.)

事業再生研究機構編『ABL の理論と実践』商事法務、2007年。

ジェフ・フェリエル、エドワード・J・ジャンガー『アメリカ倒産法上巻』レクシスネクシス・ジャパン、2011年、58頁。

菅澤喜男「諜報機関から学ぶ競争競合相手分析と戦略シナリオ』ヴィジインテリジェンス出版、2015年、6頁。

社団法人全国信用保証協会連合会「流動資産担保融資保証制度（ABL 保証）」。
(http://www.zenshinhoren.or.jp/guarantee-system/hoshoseido.html#a, Visited at 20151025.)

信金中央金庫地域・中小企業研究所「動産担保融資の現状と利用拡大に向けた課題」『金融調査情報』23-2、2011年8月、1-13頁。

信金中央金庫「リレーションシップバンキング再考―米国の中小企業向け貸付テクノロジー―『NEWYORK 通信』第16-3号、2004年11月、6、15頁。

杉山悦子「UCC および連邦倒産法における「通常の事業の過程」の意義」池田真朗、中島弘雅、森田修編『動産債権担保―比較法のマトリクス』商事法務、2015年、89-110頁。

須藤正彦「ABL の二方面での役割と法的扱い―事業再生研究機構編『ABL の理論と実践』を読んで」『NBL』879号、2008年4月、29頁。

関沢正彦『法人融資手引シリーズ　信用保証協会の保証　第5版』金融財政事情研究会、2015年、120頁。

全国信用保証協会連合会『全国信用保証協会連合会60年史』社団法人全国信用保証協会連合会、2012年。

相馬一天「日米比較からみる ABL（Asset Based Lending）普及への課題」『証券経済学会年報』50号別冊、2015年10月。
(http://sess.jp/publish/annual_sv/pdf/sv50/m83_04.pdf, Visited at 20160120.)

相馬一天「日本の ABL の今日的課題と企業財務における考察―日米中小企業の銀行取引比較より―」『年報財務管理研究』第26号、2015年5月。

相馬一天「銀行の貸出における財務、担保およびモニタリングに対するインテリジェンス

の利活用」『Intelligence Management』第 6 巻 1 号 2015 年 9 月。
高木新二郎「アセット・ベースト・レンディング普及のために―米国での実態調査を踏まえて」『NBL』851 号、2007 年 2 月、2 頁。
竹澤康子・松浦克己・堀雅博「中小企業金融円滑化策と倒産・代位弁済の相互関係― 2 変量固定効果モデルによる都道府県別パネル分析―」『経済分析』176 号、2005 年 6 月、1-18 頁。
竹村秀晃「京都信用金庫が ABL の先駆者と成り得た理由―無担保融資と厭わない目利き力による事業性評価―」『信金中金月報』第 14 巻第 9 号（514 号）2015 年 8 月、40 頁。
田島裕『UCC コンメンタリーズ第 3 巻』レクシスネクシス・ジャパン、2009 年、54 頁。
田高寛貴、白石大、鳥山泰志『担保物権法』日本評論社、2015 年、130 頁。
谷地向ゆかり「動産・債権担保（ABL）の活用と必要とされる視点―中小企業金融における担保の管理、実行、回収局面からの検討」『信金中金月報』2008 年 10 月、91 – 92 頁。
筒井義郎、植村修一編『リレーションシップバンキングと地域金融』日本経済新聞社、2007 年。
道垣内弘人『非典型担保法の課題　現代民法研究Ⅱ』有斐閣、2015 年。
道垣内弘人『担保物権法第 3 版（現代民法Ⅲ）』有斐閣、2008 年、295 頁。
トゥルーバグループホールディングス株式会社『アセット・ベースト・レンディングの理論と実務』金融財政事情研究会、2008 年。
トゥルーバグループホールディングス株式会社『アセット・ベースト・レンディング入門―不動産担保に依存しない新しい中小企業金融手法』金融財政事情研究会、2005 年、72 頁。
中島弘雅「ABL 在庫担保における担保実行手続」『動産債権担保―比較法のマトリクス』商事法務、2015 年、34 頁。
中島弘雅「ABL 担保取引と倒産処理の交錯―ABL の定着と発展のために―」『金融法務事情』1927 号。2011 年 8 月、71-83 頁
中村廉平「再建型法的倒産手続における ABL の取扱いに関する一考察―いわゆる「固定化」問題を中心として－」『NBL』908 号、7 月、2009 年、30 頁。
中村廉平、藤原総一郎「流動資産一体担保型融資（アセット・ベースト・レンディング）の検討―事業のライフサイクルを主眼とした中小企業の資金調達の新展開―」『旬刊金融法務事情』53（12）1738 号、2005 年 5 月、52-61 頁。
中村廉平、藤原総一郎「流動資産一体型融資（アセット・ベースト・レンディング）の検討」『金融法務事情』No.1738、2005 年、52-61 頁。
日本政策金融公庫総合研究所「米国銀行における中小企業金融の実態―米国銀行の経営戦略・顧客獲得・リレーションシップ・融資審査と担保・人材育成・金融危機の影響について―」『日本公庫総研レポート』No.2013-8、2014 年 3 月。
日本銀行「長短期プライムレート（主要行）の推移」
　（https://www.boj.or.jp/statistics/dl/loan/prime/prime.htm/,visited at 20151025.）
日本銀行金融機構局金融高度化センター『商流ファイナンスに関するワークショップ報告書』、2014 年、2 月。
日本銀行統計「預金・貸出（貸出先別貸出金）」2014 年 12 月月末貸出残高。
　（http://www.boj.or.jp/statistics/pub/boj_st/index.htm/, Visited at 20151025.）
日本銀行金融機構局「ABL を活用するためのリスク管理」『日銀レビュー』 6 月号、2012

年、9頁。
日本貿易振興機構（ジェトロ）ニューヨーク事務所『米国の中小企業のための各種プログラム』2015年3月。
野村総合研究所「平成21年度米国中小企業金融政策に関する調査」2010年2月、2010年、33-35頁。
福岡真之介『アメリカ連邦倒産法概説』商事法務、2008年。
藤沢治奈「UCC第9編における担保目的物の入れ替り」池田真朗、中島弘雅、森田修編『動産債権担保―比較法のマトリクス』商事法務、2015年、69-88頁。
藤田広美『破産・再生』弘文堂、2012年、206頁。
堀池篤「動産の買取り・処分業務の実際と今後の展開」『ABLの理論と実践』商事法務、2007年、121-162頁。
堀内秀晃、森倫洋、宮崎信太郎、柳田一宏『アメリカ事業再生の実務―連邦倒産法Chapter11とワークアウトを中心に』金融財政事情研究会、2011年、80頁。
堀内秀晃「Asset Based Lendingの事業再生融資への活用に関する考察」『NBL』955号、2011年6月、48-58頁。
堀江康熙「企業の取引銀行数の決定要因」『九州大学経済学会経営学研究』第70巻第4・5号、2004年4月、290-291頁。
堀江康熙『銀行貸出の経済分析』東京大学出版会、2001年。
前田真一郎『米国リテール金融の研究』日本評論社、2014年、246頁。
三菱東京UFJ銀行「三菱東京UFJ銀行のABLに対する取組み」（http://www.boj.or.jp/announcements/release_2011/data/rel111205a5.pdf, Visited at 20130106）。
村本孜『中小企業支援・政策システム―金融を中心とした体系化―』蒼天社出版、2015年。
森田修「UCCにおける担保物記載と倒産法」池田真朗、中島弘雅、森田修編『動産債権担保―比較法のマトリクス』商事法務、2015年、51-67頁。
森田修『債権回収法講義　第2版』有斐閣、2011年、98頁。
森田宏樹「集合物の「固定化」概念は必要か」『金融・商事判例』1283号、2008年2月、1頁。
安田行宏「信用保証制度が銀行のリスクテイクに与える影響について」『東京経大学会誌』第272号、2011年12月、3-13頁。
安永正昭『講義　物権・担保物権法第2版』有斐閣、2014年、234頁。
弥永真生「建設業と中小企業会計」『青山経営論集』、48（2）、2013年、153-154頁。
山口明「動産譲渡担保権の円滑な実行に関する一試論」清水元、橋本恭宏、山田創一『平井一雄先生喜寿記念　財産法の新動向』信山社、2012年、211頁。
山口明『ABLの法律実務―実務対応のガイドブック』日本評論社、2011年、7頁。
家森信善編『地域中小企業と信用保証制度―金融危機からの愛知経済復活への道』中央経済社、2010年。
預金保険機構「預金保険対象金融機関数の推移」2014年。
（https://www.dic.go.jp/kikotoha/zaimu/hokenryo/kikan-suii.html, Visited at 20141129）
吉田克己、片山直也編『財の多様化と民法学』商事法務、2014年。
吉野直行、藤田康範『信用中央金庫寄付講座　中小企業金融論　第3巻　中小企業金融と金融環境の変化』、慶應義塾大学出版会、2007年。

米倉明『担保法の研究　民法研究第二巻』新青出版、1997年。
渡辺努、植杉威一郎『検証　中小企業金融』日本経済新聞社、2008年。

〈洋書・洋雑誌等〉

Aigbe Akhigbea, James E. McNulty, "Bank monitoring, profit efficiency and the commercial lending business model," *Journal of Economics and Business*, 63, 2011, pp.531-551.

Allen N. Berger, Anthony Saunders, Joseph M. Scalise, Gregory F. Udell, "The effcts of bank mergers and acquisitions on small business lending," *Journal of Financial Economics*, 50, 1998 , pp.187-229.

Allen N. Berger, Geraldo Cerqueiro, Maria F. Penas, "Does debtor protection really protect debtors? Evidence from the small business credit market," *Journal of Banking & Finance*, 35, 2011, pp.1843-1857.

Allen N. Berger, Gregory F. Udell, "A More Complete Conceptual Framework for Financing of Small and Medium Enterprises," *World Bank Policy Research Working Paper*, 3795, December 2005, pp.3-7.

Allen N. Berger, Gregory F. Udell, "Small Business Credit Availability and Relationship Lending: The Importance of Bank Organizational Structure," *Economic Journal*, 2002, p.10.

Allen N. Berger, Gregory F. Udell, "The economics of small business finance: The roles of private equity and debt markets in the financial growth cycle," *Journal of Banking & Finance*, 22, 1998, pp.613-673.

Allen N. Berger, Gregory F. Udell, "The institutional memory hypothesis and the procyclicality of bank lending behavior," *Journal of Financial Intermediation*, 13, 2004, pp.458-495.

Allen N. Berger, Lamont K. Black, "Bank size, lending technologies, and small business finance," *Journal of Banking & Finance*, 35, 2011, pp.724–735.

Allen N. Berger, Leora F. Klapper, Maria Soledad Martinez Peria, Rida Zaidi, "Bank ownership type and banking relationships," *Journal of Financial Intermediation*, 17, 2008, pp.37–62.

Allen N. Berger, Marco A. Espinosa-Vega, W. Scott Frame, Nathan H. Miller, "Why do borrowers pledge collateral? New empirical evidence on the role of asymmetric information," *Journal of Financial Intermediation*, 20, 2011, pp.55-70.

Allen N. Bergera, Nathan H. Millerb, Mitchell A. Petersenc,Raghuram G. Rajand, Jeremy C. Steine, "Does function follow organizational form? Evidence from the lending practices of large and small banks," *Journal of Financial Economics*, 76, 2005, pp.237-269.

Allen N. Berger, Richard J. Rosen, Gregory F. Udell, "Does market size structure affect competition? The case of small business lending," *Journal of Banking & Finance*, 31, 2007, pp.11-33.

Arnoud W. A. Boot, "Relationship Banking: What Do We Know?," *Journal of Financial Intermediation* 9, 2000, pp.7-25.

Atreya Chakraborty, Charles X. Hu, "Lending relationships in line-of-credit and nonline-of-credit loans: Evidence from collateral use in small business," *Journal of Financial Intermediation* 15, 2006, pp.86-107.

Board of Governors of Federal Reserve System, *Average majority prime rate charged by banks on short-term loans to business, quoted on an investment basis.*
(http://www.federalreserve.gov/releases/h15/data.htm, Visited at 20151025.)

Craig Everett, "2015 Capital Markets Report," Pepperdine private capital markets project.2015, p.29.
(http://bschool.pepperdine.edu/about/people/faculty/appliedresearch/research/pcmsurvey/content/ppcm-report-2015.pdf, Visited at 2015.10.25)

Craig S. Fleisher, Babette E. Bensoussan, *Strategic and Competitive Analysis: methods and techniques for analyzing business competition*, Pearson Education, Inc., 2003, pp.230-231.

David B.Yoffie, Jeff Cohn, David Levy, "Apple Computer 1992," *President and Fellows of Harvard College*, N9-792-08 1 4/15/92, 1992, p.2.

Elyas Elyasiani, Lawrence G. Goldberg, "Relationship lending: a survey of the literature," *Journal of Economics and Business*, 56, 2004, pp.315-330.

FDIC (Federal Deposit Insurance Corporation), *Federal Deposit Insurance Corporation changes in number of institutions FDIC-Insured Commercial Banks*, Federal Deposit Insurance Corporation, 2014.

Gavin Cassar,"The financing of business start-ups," *Journal of Business Venturing*, 19, 2004, pp.261-283.

Gregory F. Udell, "What's in a relationship? The case of commercial lending," *Business Horizons*, 51, 2008, pp.93-103.

Gregory F. Udell, *Asset based finance; Proven disciplines for prudent lending*, The commercial finance association, 2004, p.5.

Hirofumi Uchida, Gregory F. Udell, Nobuyoshi Yamori,"Loan officers and relationship lending to SMEs," *Journal of Financial Intermediation*, 21, 2012, pp.97-122.

Hirofumi Uchida, "Gregory F. Udell, Wako Watanabe, Bank size and lending relationships in Japan," *Journal of the Japanese and International Economies*, 22, 2008, pp.242-267.

Hilson, John Francis, *Asset-based Lending*, Sixth Edition, Practicing Law Institute, Chapter one, 2010, p.3.

Ivan E. Brick, Darius Palia, "Evidence of jointness in the terms of relationship lending," *Journal of Financial Intermediation*, 16, 2007, pp.452-476.

Jith Jayaratne, John Wolken, "How important are small banks to small business lending? New evidence from a survey of small firms," *Journal of Banking & Finance*, 23, 1999, pp.427-458.

Karen Berman, Joe Knight and John Case, *Financial Intelligence: A Manager's Guide to Knowing What the Numbers Really Mean*, Harvard Business Review Press Boston, Massachusetts, 2013, p.24.

Katsutoshi Shimizu, "Bankruptcies of small firms and lending relationship," *Journal of Banking & Finance*, 36, 2012, pp.857–870.

Lyle M. Spencer and Signe M. Spencer, *Competence at work: models for superior performance*, John Wiley & Sons, Inc., 1993, p.9.

Masaji Kano, Hirofumi Uchida, Gregory F. Udell, Wako Watanabe, "Information verifiability, bank organization, bank competition and bank–borrower relationships," *Journal of Banking & Finance*, 35, 2011, pp.935-954.

Murphy, John J. "Asset-Based Lending: Evolution to Revolution - Part ii, 1940-1960s", *The Secured Lender*, 48.5, Sep/Oct 1992, 46.

Neelam Jain, "Monitoring costs and trade credit," *The Quarterly Review of Economics and Finance* 41, 2001, pp.89-110.

Noriko Minamizaki, "Transition and positioning of intelligence in information services a view of the major journals in Japan," *Intelligence management* 5(1), pp.59-69.

O. Emre Ergungor, "The profitability of bank–borrower relationships," *Journal of Financial Intermediation*, 14, 2005, pp.485-512.

Office of the Comptroller of the Currency "Asset-Based Lending March 2014,"2014, 1. (http://www.occ.gov/publications/publications-by-type/comptrollers-handbook/pub-ch-asset-based-lending.pdf.)

Philip E. Strahan, James P. Weston, "Small business lending and the changing structure of the banking industry," *Journal of Banking & Finance*, 22, 1998, pp.821-845.

Rebel A. Cole, "The importance of relationships to the availability of credit", *Journal of Banking & Finance* 22, 1998, pp.959-977.

Robert DeYoung, Dennis Glennon, Peter Nigro, "Borrower–lender distance, credit scoring, and loan performance: Evidence from informational-opaque small business borrowers", *Journal of Financial Intermediation*, 17, 2008, pp.113-143.

Sidney Rutberg, The history of Asset-based lending, The commercial finance association, 1994.

Toshiyuki Yasui, "Birth and Development of financial intelligence: Catalyzed by the 9-11 Terror and Global Financial Crisis," *Intelligence Management*, 1(1), 2009, p.33.

Williamson, O.E., Markets and Hierarchies, The Free Press, 1975.

Yasin Alan, Vishal Gaur, "Operational Investment and Capital Structure Under Asset-Based Lending," *Johnson School Research Paper Series*, June 1, 2015,pp.1-38. (http://papers.ssrn.com/sol3/papers.cfm?abstract_id=1716925##, Visited at 20160124)

索　引

【数字・欧文】

504/CDC ローンプログラム　　111-112, 119, 126
7（a）ローンプログラム　　109, 119

ABL の定義　　17
CAPM　　98
Five Forces　　100
Four corners model　　100
GAAP　　8
NOPAT　　97
NPV　　97
SBA　　7, 109, 132
SBIC　　120
SBIC ローンプログラム　　112
UCC　　49
WACC　　98

【ア行】

アドバンスレート　　15, 17
一括決済方式　　44
一括支払方式　　45
インテリジェンス　　87, 89, 130
オートマティック・ステイ　　53, 80, 82

【カ行】

会社更生手続　　73
摑取力　　79
格付　　31
確定日付　　67-68, 92
ガバナンス　　43
仮登記担保　　57
キャッシュ・スイープ　　123
クレジット・スコアリング　　9, 25-26, 39
経営者保証ガイドライン　　127

公示機能　　59
固定化　　66
コベナンツ　　20, 42, 129
コミュニティーバンク　　39

【サ行】

債権譲渡　　66
財務遵守条項　　42
財務諸表融資　　25
財務分析　　90
資金化サイクル　　95-96
質権　　56, 58
集合債権譲渡担保　　70
集合動産　　62, 65
集合動産譲渡　　64
集合動産譲渡担保　　61
集合物　　61, 65, 70
譲渡禁止特約　　44-45
譲渡担保　　56-58
情報の非対称性　　107
商流　　24
所有権留保　　57
シンジケートローン　　22
信用補完制度　　114, 119
信用保証協会　　115, 117, 124
信用保証制度　　105, 114, 118, 123
スプレッド基準　　31
占有改定　　63, 74, 76, 92, 121

【タ行】

第三者対抗要件　　59, 63, 69-70, 74, 93, 121
チャプター11　　52, 80, 82, 130
中小企業　　6, 9, 108, 125-126, 132
中小企業基本法　　6
中小企業の会計に関する基本要領　　106
中小企業の会計に関する指針　　106
通常の営業の範囲　　76

抵当権	56
適格担保	15, 17
典型担保	55
電子記録債権	45, 121
動産債権譲渡特例法	63, 69, 71, 74, 78
動産譲渡担保	59
投資育成制度	115
投資リスク	98
トランザクション貸出	8

【ハ行】

パーソナリティ	101
パーフェクション	49-50
破産手続	72
引渡	93
非典型担保	55
ファイナンシャル・インテリジェンス	88, 132
ファイリング	49-50, 80-81
不当利得	79
プライムレート	30, 32
フリーキャッシュフロー	97
プロシーズ	52, 81-82, 122, 130
プロダクトライフサイクル	99
プロファイリング	101
別除権協定	73
ベンチャー企業	10

【マ行】

マイクロ・ローンプログラム	112, 120
民事再生	22
民事再生手続	72
メイン銀行	96, 107
モニタリング	24, 40, 42, 47, 86, 92, 94, 122, 129

【ラ行】

リーエン	50
リボルビング	12, 14, 123
流動資産担保融資保証制度	120
リレーションシップ貸出	8, 25-26, 40-41
連帯保証	127
ロックボックス	30, 47, 129

執筆者紹介

相馬一天（そうま いってん）

1965年生まれ。大学卒業後、都市銀行、ベンチャー企業、大学非常勤講師を経て、現在、日本経済大学准教授。埼玉大学大学院経済科学研究科博士前期課程修了、修士（経済学）2013年、埼玉学園大学大学院経営学研究科博士後期課程修了、博士（経営学）2016年。著書『病院部門別管理・運営の実践 薬剤部門のマネジメント』（共著）日本医療企画、2014年。

中小企業金融としてのABL──課題と対策

2016年10月21日 第1刷発行		定価（本体3500円＋税）
	著者	相 馬 一 天
	発行者	柿 﨑 均

発行所　株式会社　日本経済評論社

〒101-0051　東京都千代田区神田神保町3-2
電話 03-3230-1661　FAX 03-3265-2993
URL：http://www.nikkeihyo.co.jp

装幀＊渡辺美知子　　印刷＊藤原印刷・製本＊誠製本

乱丁落丁本はお取替えいたします。　　　Printed in Japan
Ⓒ I. Soma 2016　　　　ISBN978-4-8188-2436-2

・本書の複製権・翻訳権・上映権・譲渡権・公衆送信権（送信可能化権を含む）は、㈱日本経済評論社が保有します。
　[JCOPY]〈㈳出版者著作権管理機構　委託出版物〉
本書の無断複写は著作権法上での例外を除き禁じられています。複写される場合は、そのつど事前に、㈳出版者著作権管理機構（電話 03-3513-6969、FAX 03-3513-6979、e-mail: info@jcopy.or.jp）の許諾を得てください。

セカンドブランド戦略
──ボリュームゾーンを狙え──
高橋大樹著　本体 2000 円

ミツゴロの挑戦
──インドネシアの農業開発──
福島靖雄著　本体 2000 円

アジアにおける工場労働力の形成
──労務管理と職務意識の変容──
大野昭彦著　本体 4800 円

バーナードの組織理論と方法
丸山祐一著　本体 4800 円

事業創造論の構築
高崎経済大学附属産業研究所編　本体 3400 円

総合農協の構造と採算問題
坂内久著　本体 3800 円

15歳からの大学入門
わかる経営学
小樽商科大学高大連携チーム編　本体 1200 円

中国ビジネス
──工場から商場へ──
浦上清著　本体 1800 円

テクノ・インキュベータ成功法
──計画・運営・評価のための実践マニュアル──
R・ラルカカ著／大坪秀人・安保邦彦・宮崎哲也訳
本体 2200 円

アメリカ連結会計生成史論
小栗崇資著　本体 3500 円

日本経済評論社